AF358527

SER RESETEATE

MARICRUZ ÁLVAREZ DOLADO

SER
RESETEATE

REVOLUCIONA TU VIDA, BORRA TODO LO QUE TE IMPIDE AVANZAR
Y CONSIGUE TU META

Título: *SER RESETÉATE*
© 2019, Maricruz Álvarez Dolado

Autoedición y Diseño: 2019, Maricruz Álvarez Dolado

Primera edición: septiembre de 2019
ISBN-13: 978-84-09-17239-9

"El silencio, el lugar sagrado y único en el que la verdad se susurra desnuda para los oídos dispuestos a escuchar."

Maricruz

AGRADECIMIENTOS

Gracias Begoña Ojeda por ayudarme a comprender, a cambiar lo subjetivo por lo objetivo, a cambiar la simple fantasía por una realidad verdaderamente mágica, a poner definitivamente los pies en la tierra sin tener que dejar de estar en el cielo y sobre todo, por tu gran Cariño y Amor incondicional.

Gracias a Lain García Calvo por recordarme constantemente con su ejemplo la importancia de mantener siempre el ENFOQUE y la ACCIÓN MASIVA.

Gracias también a todos los amig@s, compañer@s y familiares que por su apoyo y cariño han conseguido que pese infinitamente más en mi vida lo verdaderamente importante, ya que como dice el coach Victor Küpers:

"Lo más importante en la vida es que, lo más importante, sea lo más importante"

Y hablando de lo importante, Kobe Bryant dijo que:

"Lo más importante es intentar inspirar a las personas para que puedan ser lo más grandes posibles, sea lo que sea que hagan."

Este es el principal motivo que me ha llevado a escribir.

Así que quiero y te deseo profundamente que con este libro y con el resto de volúmenes de Tu Verdadero Tesoro, alcances la inspiración y nunca te falte la esperanza si no llega lo que buscas de forma inmediata o en el primer intento, y de que te permitas SER la versión más grande que hay en ti, porque sin duda lo eres, eres alguien especial y único, alguien VERDADERO, alguien valioso, un auténtico TESORO, no lo dudes más y ponte manos a la obra, ERES GRANDE E ILIMITADO!!!

Y quiero que sepas una cosa más antes de que sigas y que leí en alguna parte y ahora te dedico desde mi corazón donde quedó guardado esperando que algún día volviese a mí y es que:

TÚ ERES LA HISTORIA MÁS BONITA QUE EL DESTINO ESCRIBIÓ EN MI VIDA

ÍNDICE

PREFACIO

Después del éxito del primer libro, todos los lectores me pedíais que hablase más sobre cómo trabajar en uno mismo, así que gracias a y para ti, he escrito este libro adentrándonos en una serie de técnicas y herramientas, que espero y deseo te resulten muy útiles, como lo fueron para mí.

También quiero hablarte sobre el AMOR, puede que en un principio no coincidas con esto que digo en cuanto a que sea el MOTOR QUE MUEVE EL MUNDO y no intento convencerte de ello, pero a través de este escrito, podrás ver conmigo porqué lo considero así, después, eres libre de seguir opinando como opinabas o quizá quién sabe, quizá creas finalmente como yo, que así es, de cualquier modo y como decía Henry Ford:

"Tanto si lo crees cómo si no, estás en lo cierto"

Es probable que te sorprenda también que siendo el título de este libro "SER-RESETÉATE", hable constantemente del AMOR, pero finalmente, he de decirte que el verdadero SER está constituido por el más puro de los amores, el que todo lo transciende, el AMOR INCONDICIONAL.

Te invito a que me acompañes a lo largo de estas páginas, pues el amor hacia ti, es lo que me ha inspirado a escribirlas.

"El hallazgo afortunado de un buen libro, puede cambiar el destino de un alma"

MARCEL PRÉVOST

*A todas las clínicas, hospitales, universidades y centros
donde he trabajado y me he formado y a todos mis
compañeros, compañeras y pacientes,
gracias a los que he aprendido a
ser mejor profesional y líder.*

1.

CLASES DE AMOR

Las personas fueron creadas para ser amadas. Las cosas fueron creadas para ser usadas. La razón por la que el mundo es un caos es porque las cosas son amadas y las personas usadas.

SS Dalai Lama

Existe mucha gente que aún hoy en día, cree que demostrar o guiarse por sentimientos es una debilidad.

Realmente no es así, el problema deriva en que si existe un exceso de sentimientos o cuando estos están por encima de la lógica, entonces es cuando, la persona en cuestión, se convierte en carne de cañón porque pasa a ser alguien muy susceptible y manejable por las voces inadecuadas, como las que provienen de una mente mal enfocada.

El tener un exceso de sentimiento te lleva a no poder ser objetivo, a no poder ver la realidad con claridad, la subjetividad se convierte en tu guía, lo que puede conducirte a situaciones alejadas de lo que verdaderamente quieres.

Y ya no digamos nada de la hipersensibilidad, con esa estás perdido si no sabes identificarla y canalizarla adecuadamente, no dudes de ella, en realidad es altamente positiva, pero debes dirigirla correctamente para poder permitir que todo lo bueno que te puede aportar, se materialice.

Existen muchas personas como tú, con una sensibilidad excepcional, lo sé porque estás leyendo estas líneas y si no es así, te servirá para poder comprender y tratar con personas que tienen estas características, conocidas como Personas Altamente Sensibles (PAS), pero la mayoría no lo sabe aún, nadie le ha hablado nunca sobre ello y por eso no han podido identificarlo como tal.

Todo en la vida ocurre por CAUSALIDAD, por eso ha llegado este libro a tus manos. Te explico el proceso para que lo puedas entender con mayor facilidad.

Tenías una inquietud, algo en tu interior te decía que a pesar de todo lo que has vivido hasta ahora, tenía que haber algo más, que la vida puede ofrecer muchas mejoras aun, te cuestionaste muchas cosas, no entendías el porqué de los resultados obtenidos hasta ahora en tu vida y después y ahí la clave para conseguir lo que estás buscando, pusiste acción y la encaminaste a encontrar las respuestas a esas preguntas, así que aquí te encuentras leyendo para saber más y mejorar tu vida. Para borrar lo que no te sirve ya y comenzar con ideas frescas, trazar un nuevo mapa en tu vida, donde marcas la ruta que quieres seguir a partir de ahora.

Tengo una excelente noticia para ti y es que esta primera acción te llevará a poder al fin, realizar todas las demás que harán que cumplas tus sueños.

¡¡ Así que..... qué tal si lo celebras?!!

Además de ser importante mantener una actitud perseverante en ir detrás de y alcanzar tu objetivo, lo es celebrar cada uno de tus triunfos, aunque consideres que no son para tanto, créeme que sí, porque cada paso que des, por pequeño o insignificante que te pueda parecer, está siendo como la pequeña piedra que estás depositando para finalmente ver hecho realidad el hermoso castillo que quieres construir en tu vida.

"Si quieres conocer la mejor manera de predecir tu futuro es creándolo tu mismo"

¡Tanto si lo sabes, como si no, todos estamos en un camino espiritual, lo único que puede ocurrir es que no lo supieses hasta ahora, como le ocurre a la mayoría de la gente.

Somos seres espirituales, teniendo una experiencia humana.

Otra de las características que pueden incluir las personas PAS es una gran empatía, quizá tú la tengas pero tampoco la habías identificado como tal y que conlleva una serie de características como por ejemplo:

- Sientes las emociones de otros.

- Absorbes las energías externas.

- Cuando otros están felices, estás feliz.

- La gente negativa te carga demasiado.

- Extraños te cuentan su vida y te piden consejo.

- Tu intuición es muy precisa.

- Te sientes atraída por ayudar a otros.

- El clima afecta tu humor.

- Puedes sentir cosas antes de que sucedan.

- Escuchas más la energía de otros que sus palabras.

Si has recocido algunas de estas situaciones y no sabes cómo manejarlas, tranquilo, estás en el lugar correcto, a medida que vayas avanzando en la lectura de este libro, irás descubriendo cómo tratar todo esto de la mejor manera posible para que no te afecte personalmente.

Todo tiene un precio y la libertad también, por ejemplo vivir en soledad en muchos momentos, y no me refiero al hecho simplemente de vivir sola durante muchos años, sea uno de ellos, pero fue un precio a pagar hasta que aprendí a sacarle partido, entonces fue un premio, un regalo que creo que es algo que todo el mundo debería experimentar, al menos en algún periodo de su vida, no digo que haga de ello algo permanente, pero sí, que lo experimentes si puedes en algún momento.

La soledad te lleva a conocerte mejor y a lograr quererte más a ti mismo y por tanto, aprendes también a reconocer quién te quiere de verdad, porque el que te quiere le importa tu bienestar, muestra interés por lo que haces, lo que dices, lo que piensas.

Sin embargo, el que no te quiere verdaderamente, no le interesa que te pasó o qué harás mañana, aunque esté a tu lado, aunque te dedique bonitos cumplidos o bonitas palabras aduladoras de amor, de vez en cuando.

La soledad más triste es aquella que se vive acompañada de personas equivocadas, personas con las que no puedes ser tú mismo.

"La soledad es peligrosa. Es adictiva. Una vez que te das cuenta de cuánta paz hay en ella, no quieres lidiar con la gente".

CARL JUNG

Con esta frase Carl Jung se refiere a que si logras descubrir el lado positivo encontrarás mucha Paz, mucha tranquilidad y sosiego, una independencia que va más allá, algo que pocos logran y que requiere de una profunda capacidad de reflexión y conciencia, descubrirás la LIBERTAD.

Deshacerse de algunos hábitos tóxicos, es complicado y cuando digo hábitos, me refiero incluso a ideales que no son ciertos pero que forman parte de tus formas de pensamiento habituales e inconscientes en su mayoría, porque incluso de esos, que reconocemos conscientemente que no nos benefician, es difícil deshacerse.

Y aunque es bueno soñar, no debemos confundirnos e imaginar que las cosas son, como en realidad no lo son, vivir en un espejismo.

Con esto me refiero a autoengañarnos por comodidad, para intentar que lo que tenemos delante creamos que es lo ideal, o que las cosas tienen que ser así, que eso es lo natural, cuando en el fondo, sabemos que no lo son, que algo nos dice que deberían ser de otra forma. Y ese algo que nos habla y nos susurra la existencia de algo mejor, es nuestro SER, con el que nacimos en total y divina unidad, pero que poco a poco vamos tapando y olvidando a medida que vamos naciendo y creciendo a esta realidad dual y material.

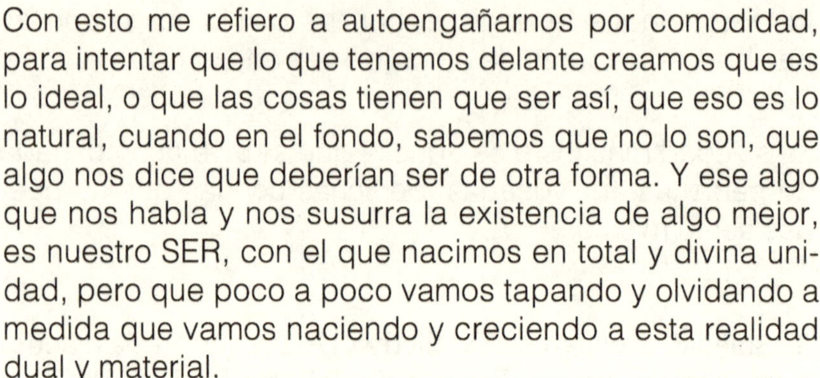

El tiempo es un bien tan EFÍMERO que hay que intentar aprovecharlo AL MÁXIMO

Francesc Torralba

Tienes que hacer que cada momento sea único, no la repetición una y otra vez de lo mismo. Gozarlo con la máxima intensidad.

La forma más poderosa de darte cuenta de ese valor, de la importancia de cada minuto y cada segundo, es siendo muy consciente de la muerte, y estar en constante contacto contigo mismo, darte cuenta de que estamos aquí de paso, que finalmente el tiempo es finito, un paseo.

Llegamos a la escuela de la vida para experimentar situaciones a través de las cuales aprender que somos algo más que un oficio, un miembro de una familia, un personaje en la sociedad, un cuerpo, un nombre.

Se dice que todos venimos de algún lugar de otra dimensión con un plan establecido, que incluso tu alma ha pactado un plan con todas las personas con las que te vas a encontrar en la vida, has elegido a tus padres de antemano y todos los demás maestros para que pases por las circunstancias concretas que te llevan a descubrir y cumplir tu propósito en esta vida.

Has acordado no solo quién te ayudará de manera positiva, sino también quién será el que haga que sientas dolor y que todos ellos amorosamente aceptan el trato, aunque se trate del más difícil de los papeles. Pero justo antes de nacer, el ángel del olvido, borra toda esta información para que te lo tomes en serio y pases por todo ello de la forma más real posible, porque si supieses que es una especie de teatro, de entrada, no le darías ninguna importancia y no podrías aprender todo esto, ni cumplirías el propósito para el que has venido.

Supongo que ya habrás leído en otras ocasiones que uno debe mantenerse en el momento presente para poder vivir realmente cada momento con mayor intensidad y para eso debes soltar el pasado y no querer ir hacia delante demasiado rápido poniendo pensamientos en el futuro, pues realmente, ni uno, ni el otro existen, solo existe el presente y ahora estas de nuevo en otro presente y así indefinidamente, porque cada segundo es una chispa fugaz de presente.

Así es como debes entender la vida, así debes vivirla, con la misma fugacidad y con la misma intensidad como si para cuando quieres darte cuenta del segundo en el que vives, ya se ha ido.

No sé si me he hecho comprender, pero me gustaría que volvieses a leer nuevamente esto último para que experimentes con la mayor concentración posible el presente que según leías la palabra presente, ya se había escabullido otra vez.

Existen determinados estados que pueden darte una idea de, en qué dirección proyectas tus pensamientos habitualmente. Por ejemplo, si sientes ansiedad es que te centras demasiado en el futuro, pero si por el contrario, sueles sentirte deprimido es que le das demasiada importancia a tu pasado.

¿Te habías planteado esto alguna vez?

La atención plena es un ejercicio de espiritualidad y requiere de un entrenamiento constante. Ello te ayuda a vivir más intensamente y existen diferentes técnicas, modalidades y/o instrumentos para aprender a vivir con plenitud el presente.

Algunas de estas técnicas son la respiración consciente, el Taichi, el yoga, la meditación activa, etc...más adelante te hablaré de muchas otras, para llegar a la vivencia o presencia plena, cada uno tiene sus recursos y les va bien un método u otro, debes encontrar el tuyo propio, el que más conecte contigo, lo importante es que tomes contacto con tu verdadero Ser y lo practiques a diario hasta que consigas mantenerte en plena conexión en todo momento.

Debes detenerte por un momento y auditar tu vida, meditar, pensar, revisar y proyectar cómo quieres vivir a partir de ahora… quizá debas dejar ir a personas de tu vida, incluir a personas y relaciones, fortalecer las que ya tienes, soltar ciertos sentimientos que no te favorecen o hábitos …

No meditar o no darte ese tiempo de reflexión incluye repetir situaciones y producir de manera mecánica lo que haces habitualmente.

La meditación consigue RESETEARTE por completo, porque consigue poner en crisis a las lógicas automáticas que nos conducen nuevamente a conseguir los mismos resultados de siempre, y de las cuales casi nunca te das cuenta de que son la causa de la "mala suerte" en tu vida. Lo pongo entre comillas porque no existe tal suerte, así como las casualidades, como digo en otras ocasiones a lo largo tanto de este libro como en los demás, solo existe la causalidad.

Esto es también considerado así por otra mucha gente y entre ellos está Albert Einstein, el cual decía que:

> **"Vivimos en un universo demasiado inteligente para que exista algo al azar."**

Volviendo a hablar del Amor, El Papa Francisco también habla de él y dice:

"El amor es cuidar de los demás. No es tocar violines y todo romántico, no. El amor es trabajo.

Piensa en las madres cuando los niños eran pequeños, cómo los amaban y dice que lo hacían con trabajo, cuidando de ellos."

Pablo D'Ors en su libro "El Silencio", habla del amor romántico de la siguiente forma:

"El amor romántico, por ejemplificar lo que afirmo, suele ser muy falso: nadie vive más engañado que un enamorado, y pocos sufren tanto como él. El amor auténtico tiene poco que ver con el enamoramiento, que hoy es el sueño por excelencia, el único mito que resta en Occidente.

En el amor auténtico no se espera nada del otro; en el romántico, sí.

Todavía más: el amor romántico es, esencialmente, la esperanza de que nuestra pareja nos dé la felicidad. Sobrecargamos al otro con nuestras expectativas cuando nos enamoramos. Y tales son las expectativas que cargamos sobre el ser amado que, al final, de él, o de ella, no queda ya prácticamente nada.

El otro es entonces, simplemente, una excusa, una pantalla de nuestras expectativas. Por eso suele pasarse tan rápidamente del enamoramiento al odio o a la indiferencia, porque nadie puede colmar expectativas tan monstruosas".

Según Osho, el AMOR tiene tres dimensiones:

1.- Animal

2.- Humana

3.- Divina, eterna

La primera dimensión se refiere a aquella en la que el sexo es el motivo principal y en la que el tipo de amor solamente es interesado, se trata de una explotación, ya que la otra persona es solo utilizada como un instrumento.

La dimensión animal, es un amor posesivo que crea una atadura.

En la segunda dimensión la persona ya no es un medio, es un igual a ti. Aquí ya no solo es un mero instrumento, sino que ya es una persona en sí, con la que se da un compartir mutuo de alegrías, avances, eventos, etc..

> "Un verdadero hombre o mujer hará que te enamores de ti y luego de él/ella"
>
> ANÓNIMO

Y para mi esta frase aplica igualmente en cualquier sentido entre ambos sexos, o entre dos mujeres o dos hombres que quieran ser pareja.

En esta segunda dimensión a diferencia de la primera, ya no se trata de amor posesivo, aquí se produce la libertad, no debes dejar de ser tú mismo para amar y si no lo sientes así, mejor no "amar" y lo pongo entre comillas porque produciría dolor y el amor no duele.

Debes tener claro que las relaciones de pareja, deben ser como un baile en el que ambos se mueven de acuerdo al mismo compás, en la misma dirección, aunque existan momentos en los que no tengan que estar agarrados o todo el tiempo cogidos de la mano para seguir bailando juntos, simplemente cerca, pero aun así, sigan marcando el mismo ritmo para cuando deciden volver a cogerse.

Es un gesto de ritmo, donde ambos comparten el baile, pero sin que se trate de una atadura, en el que ambos conserven libertad de expresión y movimiento.

Habrá momentos en el que uno marque o dirija el paso y habrá otros en los que los sugiera el otro, siempre en armonía, no se trata de un juego de poder, debe ser una relación al mismo nivel, aunque cada uno desempeñe un papel diferente, este papel es igual de importante dentro de la pareja, complementario.

"Hay que amar sin renunciar a la propia identidad y mantener la esencia que nos define"

WALTER RISO

Creo que ese es uno de los errores más comunes que se dan en las parejas, el intentar imponer el poder uno sobre el otro, eso genera tensión, genera rivalidad y competitividad y no nos damos cuenta de que no se trata de un trabajo o una empresa como parece que se ha establecido hoy en día y lo cierto es que lo manejamos casi igual, "me aseguro lo mío porque como hay tanta oferta en cualquier momento es posible que quiera cambiar".

Y con esa mentalidad y enfoque iniciamos una relación de beneficios rápidos y si no renta todo lo que me gustaría, me voy a la siguiente a la que envíe un CV y ya me han hecho una oferta mejor.

No nos comprometemos realmente, no dedicamos el tiempo que merece cada asunto, ni distinguimos el orden de importancia en nuestra vida, un tiempo para crecer, tiempo para mejorar, tiempo para evolucionar, así como debería ocurrir en las parejas.

Con esto no digo que imperativamente algo tenga que ser si o si para siempre, de hecho cuando descubrimos que hay aspectos irreconciliables, lo mejor es no seguir dañándose, pero la mentalidad de inicio debe ser de unión y para el máximo tiempo posible.

Y después de idas y venidas, te sientes triste y decepcionado porque no sabes qué pasa, te preguntas una y otra vez, porqué no encuentras a la persona ideal, si has hecho todo lo que suponías que era mejor por el otro, aun cuando eso suponía quizá no hacer lo que a ti más te hubiese gustado, después de haber dado lo mejor y el más puro sentimiento hacia esa persona hasta quedarte prácticamente vacío, después de haber quizá leído todo lo habido y por haber para encontrar la llave maestra que abriese la puerta al amor perfecto….. y nada, la respuesta o los resultados no tuvieron nada que ver con lo que sentías que estabas entregando, créeme que entiendo cómo te sientes.

"No puedes depender de otra persona para ser feliz, pues ninguna relación te dará la paz que tú no hayas creado en tu interior"

Buda

Finalmente esa relación se terminó y el vacío que dejó la experiencia, se llenó de decepción, desconfianza, miedos, todo lo que hace a un corazón sentirse oprimido y bloqueado.

Llegaste a tocar fondo y tu brújula de las relaciones perdió su capacidad para guiarte y a su vez tú, la capacidad para comprenderla. Y como para las relaciones, puede que esto te haya ocurrido para cualquier otro ámbito de la vida en el que hayas focalizado toda tu energía y empeño en lograr un objetivo y al final no salió bien la cosa.

Déjame que te cuente ahora una historia que se llama:

"LA ENSEÑANZA DEL BURRO"

Un día el burro de un campesino se cayó en un pozo.. El animal lloró fuertemente por horas, mientras el campesino trataba de buscar algo que hacer...

Finalmente, el campesino decidió que el burro ya estaba viejo y el pozo ya estaba seco y necesitaba ser tapado de todas formas, así que reamente no valía la pena sacar al burro del pozo..

Invitó a todos sus vecinos para que vinieran a ayudarle. Cada uno agarró una pala y empezaron a tirarle tierra al pozo..

El burro se dio cuenta de lo que estaba pasando y lloró horriblemente. Luego, para sorpresa de todos, se aquietó después de unas cuantas paladas de tierra.

El campesino finalmente miró al fondo del pozo y se sorprendió de lo que vio... con cada palada de tierra, el burro estaba haciendo algo increíble: Se sacudía la tierra y daba un paso encima de la tierra.

Muy pronto todo el mundo vio sorprendido cómo el burro llegó hasta la boca del pozo, pasó por encima del borde y salió trotando...

La vida siempre va a tirarte tierra, todo tipo de tierra... el truco para salir del pozo es sacudírsela y usarla para dar un paso hacia arriba.

Cada uno de nuestros problemas es un escalón hacia arriba… en tu mano está el querer aprovecharlo.

Podemos salir de los más profundos huecos si no nos damos por vencidos…

Ahora ya lo sabes, cuando empiece a caerte tierra encima, venga de quien venga o venga de donde venga, sé inteligente y úsala para salir del hoyo en el que te hayas caído.

> "El amor no tiene porqué producir sufrimiento, si somos capaces de eliminar las creencias irracionales que la cultura ha inculcado en nosotros.
>
> El amor es lo que somos. Si eres irresponsable, tu relación afectiva será irresponsable. Si eres deshonesto, te unirás a otra persona con mentiras. Si eres inseguro, tu vínculo afectivo será ansioso. Pero si eres libre y mentalmente sano, tu vida afectiva será plena, saludable y transcendente. Amar sin apegos es amar sin miedos."
>
> WALTER RISO

Te voy a dar ahora una lista de las **10 claves mágicas** para **incrementar** el **VERDADERO AMOR** en tu vida:

1.- Presta atención y alimenta a los pensamientos amorosos.

Ya sabes a lo que me refiero, cada vez que se cruce un pensamiento que te aleje de lo que te gusta, que te haga inquietar y separarte de tu objetivo, déjalo pasar lo más rápido posible y regálale intencionadamente varios positivos, aunque te cueste creerlos, aunque no los sientas aún.

Educa tu mente hasta cambiar su hábito y se acostumbre a seleccionar lo que más te favorece e impulsa a dirigirte hacia el estado emocional que te haga sentir mejor.

"Educa tu mente para que se acostumbre hasta que sea costumbre"

2.- Aprende a respetarte y respetar para ser respetado.

Trátate con cariño y cuidado, esto generará en ti un sentimiento mayor de reconocimiento y respeto que trascenderá al resto aun cuando no te des cuenta, recuerda lo que Jesús decía:

"Ama al prójimo como a ti mismo"

Es decir que en primer lugar estás tú y después, así lo hagas contigo mismo, podrás hacerlo con los demás, porque uno no puede dar lo que no tiene.

3.- Focalízate en qué puedes dar y no al revés.

Y no me refiero solo a lo material, piensa a nivel emocional, mental…. Tus aptitudes, actitudes, qué estás dispuesto a compartir.

Si nunca te has parado a valorar qué cualidades tienes, ahora es buen momento para que lo aclares. Coge lápiz y rellena la lista. Tómate tu tiempo, es importante que esto lo tengas claro, debes conocerte a ti mismo en primer lugar ya que es la base sobre la que vamos a trabajar, el principio de todo.

Así que si aún no has leído el primer libro TU VERDADERO TESORO, pon aun mucha más atención a lo que anotes ahora y por favor, no te saltes ningún paso, no sigas leyendo hasta que lo hayas hecho, no hagas de este libro un simple entretenimiento, si quieres realmente RESETEARTE, debes poner acción, aplicar y hacer lo que aquí te digo.

Puede que tu mente te esté poniendo ahora mil excusas para no hacerlo, como:

-   "Si esto ya lo tengo más que claro"

-   "A mi edad me conozco y reconozco claramente, no me va a enseñar esto nada nuevo"

- "No me apetece escribir ahora, ya después si eso…"

- "Ya me leí el primer libro, Tu Verdadero Tesoro y ya lo hice"

¡¡Vamos a reeducar a tu mente ya!! Recuerdas el título de este libro? Eso es!! Exacto!!

RE SE TE A TE

Y ahora vamos con esa lista:

¿Qué características te definen <u>emocionalmente</u>, cómo eres? Anota empezando así:

- Siento que soy simpático.

-

-

-

-

-

-

-

-

-

-

Vamos ahora con las características <u>mentales</u>. Anota:

-

-

-

-

-

-

-

-

-

Y <u>físicamente</u>, cómo te describes? Puedes describirte en general y después por partes, tu cara, tus ojos, tu pelo…:

-

-

-

-

-

-

-

-

-

¡¡ENHORABUENA!!

Piensa una sola cosa más y se totalmente sincero, habrá cualidades que sean mucho mejor de lo que dices, otras que quizá ni las tengas en cuenta, solemos vernos en general a nosotros mismos peor de lo que nos ven los demás, sino es así en tu caso.

¡Te felicito, eso es ir un paso por delante!

Entonces te animo a hacer lo siguiente y es relacionar cada una de esas cualidades positivas con el resultado que tienes en tu vida actualmente. Anota en una columna la característica que escribiste en las listas anteriores y en la columna de al lado tu situación actual relacionada con ello, te pongo un ejemplo:

Característica   Resultados

- Simpático   - Tengo muchos amigos
-                                -
-                                -
-                                -
-                                -
-                                -
-                                -
-                                -
-                                -
-                                -
-                                -
-                                -
-                                -
-                                -
-                                -
-                                -
-                                -
-                                -
-                                -
-                                -
-                                -
-                                -

¿Ya lo tienes? ¡¡Felicidades!!

Ahora que ya lo tienes, ¿te ha llamado algo la atención?, revisa de nuevo esta última lista, lo más probable es que en alguno de los puntos no concuerde o no tengas el resultado que esperas y te explico con un ejemplo esto:

Quizá tu sientes que eres una persona superamorosa, sin embargo la respuesta que encuentras en tu entorno no se corresponde con lo que crees que eres y no entiendes como siendo alguien con esa manera de sentir hacia los demás pueden tratarte de una forma no tan amorosa, de una manera en la que no te sientes correspondido justamente, pues bien, debes revisar y asegurarte de si lo que sientes, se corresponde con lo que haces.

"Las acciones son lo que logran la mágica transformación de lo invisible a lo visible"

MARICRUZ

Así que mi consejo ahora es que te mantengas atenta o atento y compruebes si estás haciendo las cosas, acorde a lo que dices y la prueba infalible de que es así, son los resultados.

Si tratas de una forma amorosa al resto, el resto debería estar haciendo lo mismo contigo y si no es así lo más probable es que no lo estés haciendo de la manera correcta. Debes analizar honestamente que es lo que está ocurriendo.

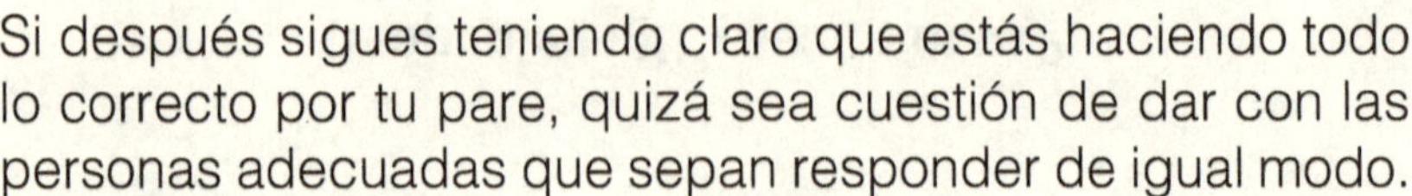

Si después sigues teniendo claro que estás haciendo todo lo correcto por tu pare, quizá sea cuestión de dar con las personas adecuadas que sepan responder de igual modo.

4.- El auténtico amor comienza siendo una amistad sincera.

Esto quiere decir que quieres el bien del otro no por interés, sino por un sentimiento sincero de afecto, sin apegos, ni necesidades del otro para sentirse bien uno mismo por el beneficio propio.

Además de miraros el uno al otro, debéis mirar en la misma dirección, lo que se logra saber si existe una buena comunicación previa, sino se trata solamente de una atracción física.

Habitualmente suele comenzarse a la inversa, primero hay una atracción física, ambos se miran, se hace una interpretación aislada por parte de cada uno sin que esa información se llegue a intercambiar y antes de saber hacia qué dirección se dirige cada uno realmente, por esa atracción inicial y un cierto sentido de urgencia, nos ponemos una venda, para sin más, comenzar algo que no sabemos muy bien hacia donde se dirige.

Al principio esto es maravilloso, todo es fantástico e idílico, hasta que la venda comienza a volverse cada vez más fina, comienza a producirse un desgaste y finalmente se cae, en ese momento donde la pasión inicial ya no es tal, nos encontramos con que todos los castillos imaginarios que habíamos construido en el aire, se desmoronan y comienza la tragedia.

Así que no tengas prisa, si lo que quieres es algo verdadero y duradero en el tiempo, que te aporte más que una atracción física que el tiempo se encarga de transformar por el paso inevitable de los años, ya sabes cómo es el dicho:

> "No llega antes quien va más rápido, sino
> quien sabe a donde va"

5.- Da al menos un abrazo todos los días.

Para abrir tu corazón ábrete a los demás, abrázate y abraza.

Al abrir y extender tus brazos, a nivel energético también estás abriendo tu corazón.

Siempre hay alguien con quien hacerlo y sino, puedes buscar un árbol, esto puede parecerte absurdo e incluso pueda darte la risa solo con pensar que alguien te vea, pero que eso no sea una excusa, porque según Matthew Silverstone, el cual recoge en su libro los resultados de numerosos estudios e investigaciones que tratan este tema, el hecho de abrazarse a un árbol, aporta múltiples beneficios como por ejemplo:

- Mejora los niveles de concentración.
- Mejora el tiempo de reacción, aumentando los reflejos.
- Disminuye la depresión.

En resumen, altera para bien, nuestra frecuencia vibratoria, equilibrando nuestro estado mental y físico. Así que por muy ridículo que pueda parecerte, no pierdes nada por probarlo. Apúntate a abrazar un árbol en tu próximo paseo.

El contacto físico crea vínculos y elimina límites y derriba barreras haciéndonos más receptivos al amor.

6.- Suelta tus miedos, y sustitúyelos por amor, evita los juicios.

Muchas personas creen que lo opuesto al amor es el odio, cuando en realidad, lo contrario al amor es el miedo. Así que si vives en un estado, no puedes vivir en otro.

"O amas o temes"

Así que cada vez que te encuentres de frente con un miedo, no trates de evitarlo, para poder soltarlo, debes enfrentarte a ese miedo cara a cara, con máximo cariño y cuidado, pero afróntalo y supéralo.

Lo pasarás posiblemente mal al principio, francamente mal, pero cuanto mayor sea el miedo que superes, mayor será la recompensa y el grado de satisfacción. Te sentirás súper reconfortado y orgulloso de ti mismo y también sentirás incrementado el grado de amor hacia ti, además de la inmensa liberación que supone el deshacerse de este.

Muchos pacientes a los que he tratado llegan al sillón dental temblando, paralizados por el miedo. Algunos de ellos han vivido una experiencia desagradable anteriormente relacionada con el dentista directamente o con los médicos en general lo cual les da una gran ventaja en cuanto a su superación, porque al menos conocen la causa directa.

Sin embargo la cosa se complica cuando no son conscientes de un hecho previo, al igual que ocurre cuando vas a arreglar un escape de agua que ha calado tu casa, tú ves la mancha, que es el resultado, es decir el efecto de lo que se ha estropeado en algún momento, pero la causa no es tan evidente, así que debes revisar las distintas tuberías que pasan por la zona, si las tuberías rotas están cerca y corresponden a tu casa o están más alejas y son del vecino del piso superior o de la comunidad, en fin, se alarga y se complica más encontrar la solución.

Por lo tanto el primer paso para eliminar un miedo es encontrar cual es el miedo y de dónde proviene, y darle así la solución más adecuada enfrentándote a él.

Siempre que lo sientas pregúntate:

¿A qué tengo miedo?

¿Es un miedo racional, en qué se basa?

¿Qué tiene tan terrible ese hecho?

En muchas ocasiones el simple hecho de verbalizarlo, ya es un buen remedio y si no consigue resolverlo del todo, al menos logra cierta liberación, lo que facilitará el poder terminar de eliminarlo.

A veces puede ser una tarea que requiera de ayuda de un profesional que pueda acompañarte en este proceso o quizá te resulte más llevadero o agradable compartirlo con alguien de confianza, pero recuerda que debes superarlo tú.

Normalmente cualquier cosa que intentas evitar está relacionada con tu miedo a sentir las emociones implicadas.

Repítete siempre que si es posible superarlo, que mucha otra gente lo ha logrado y que…

¡TÚ PUEDES!

¡Que sientas miedo no quiere decir que seas alguien débil, recuerda lo que acabo de decirte unas líneas atrás, el miedo es lo contrario al amor, solamente debes amarte más y darte más valor, pero créeme cuando te digo que eres FUERTE, lo sé y sé que tú, aunque ahora mismo puede que no te lo creas del todo, en el fondo también lo sabes, sabes que puedes enfrentarte a cualquier cosa, soportarla y por tanto superarla.

¡ERES FUERTE!

A medida que pases por la experiencia, notarás como ese espantoso miedo se irá desvaneciendo y transformando en comprensión y amor.

Como dice Emmanuel:

"No se trata de destruir el miedo, sino de conocer su naturaleza y contemplarlo como una fuerza menos poderosa que el poder del amor.

Es ilusión.

El miedo no es más que mirarse al espejo y hacerse muecas a uno mismo."

Con las parejas el miedo suele asociarse al alejamiento o pérdida, así que debes soltar ese apego que esconde una falta de autoestima y dejarlo libre, toda relación necesita su propio espacio y atiende a esta regla.

Si lo dejas libre y vuelve, es la persona, y si no lo hace, es que no lo es.

Recuerda también no confundir libertad con libertinaje.

> "Una perla es... una herida sanada por el amor"

7.- Verbaliza y muestra tus sentimientos, por ahí empieza la autoaceptación.

Todo lo que no liberamos cuando nos gustaría hacerlo, sobre todo aquellas situaciones que nos producen sentimientos desagradables darán como resultado un estado depresivo.

Por otro lado cuando haces esto, estás evitando a otros también la posibilidad de apoyarte y ayudarte y entras en un círculo de autoexclusión y falta de estima, generado desde ti mismo.

Comparte y comunícate con tu familia y amigos y por su puesto con tu pareja.

Pero super importante, no te centres en la queja, sino en la solución.

Debes compartir no solo tus emociones y sentimientos, sino también tus proyectos, esperanzas, metas, desafíos a superar, etc.

"¿Cuál es el miedo a ser cómo eres? Si te van a rechazar, al menos que sea por ser auténtico. Si te acoplas a lo que esperan de ti, se acabó tu esencia. Te vendiste."

WALTER RISO

Relaciónate y muéstrate más. Nadie es infalible y está exento de problemas, por eso no vas a ser peor o menos merecedor de cosas buenas o que te quieran menos. Acéptalo y acéptate y como dice la canción:

"Déjate querer, mujer, déjate querer..." y lo mismo si eres un hombre.

8.- Comprométete con el Amor y ponlo en primer lugar.

Cuando realmente te comprometes con algo o con alguien, aunque no la hayas incluido aun en esta decisión de compromiso, la opción de abandonar no tiene espacio.

El verdadero compromiso se demuestra a través de los pensamientos y las acciones, será lo que logrará establecer una relación fuerte y la diferenciará de una débil.

"Nos aferramos al sufrimiento porque el bienestar exige compromiso"

PUPI LARROUDE

9.- Ama lo que haces y HAZ LO QUE AMAS, vive con Pasión.

La pasión enciende y aviva el Amor, me refiero a amor por sea lo que sea, no me refiero solo al amor de pareja, sino incluso al amor hacia uno mismo.

Cuando te dedicas a algo que te encanta, que te llena, que debes mirar la hora para no extenderte demasiado y dejar espacio para otras tareas, pero que si no fuese por eso, seguirías haciéndolo incesantemente, a ese tipo de pasión que te lleva casi a la completa obsesión por seguir creciendo en ello, mejorando, con la que tu Alma se siente feliz.

Desarrollar ese tipo de pasión también te lleva a colocarte en un estado que favorece el que pueda darse la relación que quieres de pareja, una relación que además de amor, incluye pasión.

Puedes mantener esa pasión a través de las sorpresas, el compromiso, el interés y la admiración por la otra persona.

"Espero que encuentres amor en tu camino, pero tan importante como eso, también espero que sepas alejarte de lo que no es amor"

Mujer holística

10.- CONFÍA

Debes confiar siempre en que lo bueno, es lo normal, lo más probable y mantener tus pensamientos en positivo, es decir que los que surjan sean a favor de la relación.

La confianza es un valor esencial para poder establecer una verdadera relación de amor. Sin ella jamás se podrá llegar a mantener una auténtica relación de compromiso.

Así que debes estar con esa persona en la que confías realmente. No puedes amar a otro plenamente, si no confías en él.

Debes soltar cualquier creencia formada por experiencias anteriores, soltar el apego, los celos y todos aquellos pensamientos que te llevan a lugares alejados de establecer un vínculo real de confianza.

Que vivas sin emitir juicios, no quiere decir que no respetes y vivas en función de unos valores.

Si te parece, te voy a regalar ahora una bonita fábula recogia en el libro << Cuentos y leyendas de los Indios Sioux>> escrito por Zitkala-Ša, la primera india Sioux educada en occidente y que dice así:

Cuenta una vieja leyenda que una joven pareja de indios Sioux acudió una mañana a visitar al chamán de su poblado. Vivían cerca de Paha Sapa, las actuales Colinas negras, consideradas sagradas para este pueblo.

El joven era un valiente guerrero, y en su corazón habitaba la honorabilidad y la nobleza por igual. En Nube alta, la muchacha de ojos rasgados y cabellera abundante, tambіén brillaba la decisión y ante todo, ese amor profundo por el que iba a ser su esposo.

La razón por la que se habían decidido a visitar al chamán era muy importante para ello: tenían miedo, temían que su compromiso, que ese amor devoto y firme que ahora se profesaban se rompiera de alguna forma. Temían incluso fallecer y no poder encontrarse en el más allá. Deseaban que el anciano brujo les diera un remedio, un sortilegio o un conjuro para que su amor fuera eterno.

EL RETO

El viejo chamán los miró unos instantes a ambos con su rostro aguileño y cuajado de años. Se fumó unas cuantas pipas, arrugó el ceño, se aclaró la voz para después, coger la mano de la muchacha y le dijo:

Si deseas conservar a tu lado a tu amado durante largo tiempo deberás emprender un viaje. No va a ser fácil, te lo advierto. Subirás a esa colina que ves allá al fondo y cazarás con tus propias manos a un halcón, el más fuerte, el más hermoso. Después, deberías traerlo aquí vivo el tercer día después a la Luna llena.

A continuación, el chamán se volvió hacia el joven guerrero y le dijo:

En cuanto a ti, debes saber que tu tarea va a ser igual de compleja y sacrificada. Tienes que subir la montaña más alta de nuestro poblado y cazar un águila. La más bella, la más vigorosa, la más salvaje. Deberás traerla aquí el mismo día que tu amada.

RESULTADO

La joven muchacha sioux y su amado cumplieron con el reto propuesto por el anciano chamán. Ella llevaba en una bolsa de piel a un halcón. El joven guerrero, portaba a su águila. La más hermosa, la más fuerte. Cuando llegaron hasta el viejo brujo, ambos preguntaron cuál iba a ser el siguiente paso: ¿Sacrificar a las aves y bañarnos con su sangre, quizá?- preguntaron.

Ahora debéis hacer lo que os digo: coged a las aves y atadlas con una tira de cuero por las patas. De manera que una quede atada a la otra y viceversa. Después, deberéis soltarlas para que vuelen libres.

Cuando ambos cumplieron con lo ordenado, se quedaron atónitos y sin palabras al ver el resultado. Cuando las dos aves intentaron alzar el vuelo, lo único que consiguieron fue caer una y otra vez. Frustradas y llenas de ira, empezaron a picotearse una a la otra.

El viejo chamán fue hasta ellas y las soltó. Este es el conjuro que voy a daros:

Si deseáis que vuestro amor perdure: volad juntos bien alto pero jamás atados. Porque el verdadero amor une, pero no encadena.

"Debes de pensar que si no la has conocido ya, en algún lugar del mundo alguien está esperando a que llegues a su vida. Alguien está soñando en una persona como tú... ten fe en que la encontrarás y sabrás cómo acercarte a ella"

Ahora que ya hemos hablado largo y tendido de la Segunda dimensión del Amor y ya lo tienes un poco más claro cuál es y cómo podemos mejorarla, vamos, si te parece a saber un poco más de la siguiente, del siguiente nivel en el AMOR.

Y la TERCERA DIMENSIÓN DEL AMOR es el amor Divino y eterno, el que nunca cambia ni varía, en la que tú simplemente amas, sin centrar ese amor en alguien o algo.

Cuando alcanzas este tipo de amor, hagas lo que hagas lo harás de forma amorosa.

En esta tercera dimensión del amor ya has transcendido todo lo anterior, es decir, la otra persona y todo lo demás ha desaparecido y te mantienes en un estado de amor sin más.

Se trata del estado supremo y último que debemos alcanzar en la vida.

Es probable que no conozcas a nadie que haya alcanzado este estado, se dice en uno de los libros de Osho, que quizá las personas que lo han logrado puedan contarse con los dedos de una mano, pero que aquellos que lo han alcanzado, han sentido tal plenitud y alegría que ni la muerte ha podido destruirlo.

Otros autores a este último tipo de Amor lo denominan, amor INCONDICIONAL, ya que no está sujeto a ninguna variante, ni parámetro, ni circunstancia, ni persona, simplemente ES.

> "El amor es la fuerza que nos conecta con la intención universal"
>
> WYNE DYER

No permitas que nadie te diga lo que puedes o no puedes hacer. No consientas que nadie te diga que límites no puedes sobrepasar y pregúntales acaso si ellos saben acaso quienes son y qué pueden o no pueden hacer, porque lo más probable no, lo cierto es que estén hablándote de sus propias limitaciones sin haber conocido antes quienes son ellos mismos.

Plantéales primero cómo pueden saber tanto de ti, si ni siquiera se han molestado en averiguar realmente quienes son ellos.

Aléjate de todas las etiquetas que te quieran colgar vengan de quien vengan y sean del carácter que sean, en el ámbito que sea, dale la vuelta al espejo sobre el que están proyectando su propia imagen y regálales de vuelta su discurso para que puedan aprender de su propio diálogo, de su propia imagen la cual se niegan a ver, aunque crean que lo que te están diciendo te va a beneficiar a ti, quizá.

Es posible que en muchas ocasiones lo hagan con la mejor de las intenciones, pero....

> **"De buenas intenciones está empedrado el camino hacia el infierno"**

¿Conocías ya este dicho? ¿Sorprendido?, pues así es... que no te confundan a veces estas "buenas intenciones", porque pueden suponerte un gran peso.

Empieza de una vez por todas a romper los límites tanto interiores, como exteriores que están marcando la dirección de tu vida y toma totalmente las riendas, porque viniste aquí con un propósito y debes alcanzarlo.

Cuantas menos interrupciones, cuanto menos ruido, cuantas menos interferencias, cuantos más lastres sueltes, más ligero y agradable será tu viaje, porque tan importante es alcanzar la meta, como disfrutar del camino.

Aquí te dejo el RESUMEN de la lista de las **10 claves mágicas** para **incrementar** el **VERDADERO AMOR** en tu vida:

1.- Presta atención y alimenta a los pensamientos amorosos.

2.- Aprende a respetarte y respetar, para ser respetado.

3.- Focalízate en qué puedes dar y no al revés.

4.- El auténtico amor comienza siendo una amistad sincera.

5.- Da al menos un abrazo todos los días.

6.- Suelta tus miedos, y sustitúyelos por amor, evita los juicios.

7.- Verbaliza y muestra tus sentimientos, por ahí empieza la autoaceptación.

8.- Comprométete con el Amor y ponlo en primer lugar.

9.- Ama lo que haces y HAZ LO QUE AMAS, vive con Pasión.

10.-CONFÍA

En matemáticas se dice que el orden de los factores no altera el producto, eso ya lo has aprendido desde tu mente racional y para ella así funciona, pero quiero ahora que para equilibrar tu mente y trabajar la parte de tu cerebro irracional, comiences a aplicar todas estas claves a la inversa y observes los resultados.

Quiero advertirte de que es un ejercicio muy potente, sobre todo para tu mente racional, pero si realmente quieres un cambio superior, esto va a ser revolucionario.

Si en principio no te parece tan complicado, Enhorabuena!! Eso quiere decir que estás más cerca de lograrlo y si te parece muy difícil a la hora de aplicarlo en tu día a día, no te desanimes, al contrario, ejercítalo sin cesar hasta que consigas que te salga casi sin pensarlo, pero Hazlo!!

En primer lugar lee atentamente la lista al revés, comienza por el número 10 y lee conmigo ahora, por dónde debes empezar a practicar la magia de estas 10 claves, si quieres incrementar los beneficios:

10.-CONFÍA

9.- Ama lo que haces y HAZ LO QUE AMAS, vive con Pasión.

8.- Comprométete con el Amor y ponlo en primer lugar.

7.- Verbaliza y muestra tus sentimientos, por ahí empieza la autoaceptación.

6.- Suelta tus miedos, y sustitúyelos por amor, evita los juicios.

5.- Da al menos un abrazo todos los días.

4.- El auténtico amor comienza siendo una amistad sincera.

3.- Focalízate en qué puedes dar y no al revés.

2.- Aprende a respetarte y respetar, para ser respetado.

1.- Presta atención y alimenta a los pensamientos amorosos.

Lee esta lista varias veces y si puedes mejor en voz alta, la propia vibración de tu voz al pronunciar estas claves hará que atraigas las energías con la misma frecuencia de lo que deseas. Disfruta mientras lo haces, piensa que ya eres capaz de llevar a cabo cada uno de los puntos y siente que lo que quieres conseguir ya lo tienes.

¿Cómo quieres sentirte cuándo lo logres?

Piénsalo, y cuando lo tengas, cierra los ojos y date un tiempo para seguir experimentando esas emociones magníficas, no tengas prisa por volver a abrir los ojos, quédate ahí el máximo tiempo que puedas.

Te regalo un truco que te ayude a ser constante, escríbete la lista en una hojita a parte y llévala contigo en tu cartera o un sitio que te sea fácil de acceder en cualquier momento del día en que lo necesites.

Te vas a sorprender de los Grandiosos RESULTADOS.

2.

LOS CAMBIOS Y EL ENTORNO

En la escuela estudias, en la vida aprendes

Maricruz Álvarez

> El secreto del cambio es **enfocar toda tu energía**, no en la lucha contra lo viejo, sino **en la construcción de lo nuevo**.
>
> Sócrates

Muchas veces uno de los principales frenos que se nos presentan cuando nos planteamos cambiar, es cómo afectarán estos cambios a nuestro entorno.

Por ejemplo, si tu sufrimiento viene de una relación de pareja, es probable y normal que te plantees como inconveniente cómo va a afectar esto a vuestros hijos, si tu decisión es dejar esta pareja.

O puede pasar también, que el cambio que necesitas, sea cambiar de profesión y te preocupes desde el punto de vista económico, más cuando tienes hijos a cargo.

Frente a esto solo puedo decirte que respondas a estas preguntas

¿De qué te sirve seguir igual con la misma seguridad económica, si no eres feliz? ¿Por qué crees que dedicándote a aquello que deseas no tendrás el mismo nivel de beneficios o mayores?

Cuando hablo de seguridad económica no me refiero a que tengas que perderla, en absoluto, lo que quiero decir es que muchas veces tu mente por miedo a que eso pase, te frenará para que no salgas de tu zona de confort, aunque esto suponga para ti sobrevivir o mal vivir emocionalmente, como lo has estado haciendo hasta ahora, pero que tu mente detecta como seguro, porque al menos cubres cosas básicas.

¿Crees que tu familia va a estar bien viéndote mal con un estado emocional depresivo por muy bien que estéis económicamente?

¿O por el contrario crees que preferirán adaptarse un poco pero estar todos en armonía viéndoos felices y contentos?

Después de iniciar este camino hacia el reencuentro con uno mismo, supongo que ya te habrás dado cuenta, de que cuando uno se encuentra bien y feliz puede conseguir todo lo demás y que además todo eso pasa un poco, a un plano secundario, ya no tiene la misma importancia porque cuando uno se siente feliz, se siente pleno y abundante y no necesita tanto lo material para encontrarse bien.

No me refiero a que no llegues ni a cubrir las necesidades básicas, me refiero a muchas de las cosas de las que nos rodeamos, a veces, en busca de la felicidad, pero que en realidad, sólo sentimos ese impulso para cubrir un vacío, por lo tanto, cuando ese vacío interior lo hemos colmado con bienestar, armonía, amor, cariño y felicidad, ya no es preciso acumular tanto en lo material, uno ya no siente esa necesidad.

Por otro lado cuando uno ha trabajado, activamente, en su crecimiento interior, ya no cabe esperar que el exterior siga comportándose del mismo modo.

Voy a explicarte esto último, si has leído algo de Física Cuántica, sabrás que lo que vemos no depende del exterior, sino de los ojos a través de los cuales lo vemos. Esto es lo que se conoce como "El Efecto observador", es decir, que ves las cosas, no como son en realidad, sino a través del filtro de cómo eres tú o de tus emociones en ese momento.

¿Nunca te ha pasado que por ejemplo tu pareja ha tenido un detalle romántico contigo que te ha encantado y ese día todo es maravilloso? Llegas a la oficina y todo está bien, tus compañeros te sonríen, todo parece fenomenal, las cosas se resuelven con facilidad, incluso da la sensación de que caminas sobre patines, quizá esto que acabo de explicarte, sea a lo que se refiere la frase:

"Salir todo rodado" o "Marchar todo sobre ruedas"

Por el contrario, si tienes un mal día, sea por el motivo que sea y ocurriendo lo mismo en la oficina ¿todo te parece oscuro, gris, problemático y no ves más que malas caras e inconvenientes que parece que no acaban de resolverse?

Pues lo mismo ocurre cuando cambias interiormente y empiezas a sentirte mejor, que lo que ves reflejado en el exterior, también cambia y mejora. Puede parecerte extraño, raro o incluso mágico todo esto que te cuento, pero está comprobado científicamente, de hecho si no la has oído nunca te recomiendo que recurras a libros de física cuántica en los que lo explican con mucho más detenimiento esto que te digo del "efecto observador".

Volvamos ahora al tema de los hijos, a todo el mundo que no tenga hijos le preocupa cómo va a reaccionar el entorno, cómo puede afectarles, pero sin duda la gente con hijos siente mucho más miedo por cómo les puede afectar a estos, así que vamos a tratar un poco este tema, aunque realmente sea un tema más de miedo provocado por la mente, que real, solo tienes que pensar en cómo hubieses reaccionado tú o que hubieses esperado tú, cuando eras hijo y tenías las edades que tienen ahora tus hijos.

Y si no has sido padre o madre, puedes reflexionar sobre esto tomando como ejemplo a otras personas que conozcas y sí lo sean.

Mi primera recomendación es que todos aquellos valores que tú quieras transmitirle a tus hijos lo hagas a través del ejemplo, es decir, no les digas que no fumen si tú fumas, puedes hacerlo, pero no va a tener el mismo efecto porque no estás predicando con el ejemplo y la mejor manera de transmitir conocimientos y hábitos, es mediante el ejemplo.

Así, por ejemplo, si tú quieres que tu hijo o tu hija tenga unas relaciones de amistad o de pareja fantásticas, debes predicar con el ejemplo, si quieres que encuentren una persona que los valore, los respete y los trate con amor, muéstrale eso con el ejemplo a través de tu pareja y si esto no es lo que tienes con tu pareja, entonces sí deberías preocuparte de verdad por cómo afecta eso a tus hijos.

> "No te equivoques, un hijo no está para cumplir tus sueños, o ser lo que no pudiste ser. Nació para ser él. Déjalo volar y soñar para que llegue a ser feliz siendo quien es él mismo."
>
> SANACIÓN EMOCIONAL

Existen parejas que antes de separarse prefieren aguantar malas situaciones por ellos, sus hijos, dicen, sin embargo, no les están aportando el mejor ejemplo o herencia, porque esa situación que están viviendo en su casa, la volverán a repetir inconscientemente en su vida, ya que aunque no sean las más favorables, cuando no somos conscientes y actuamos de forma automática sin darnos cuenta, atraemos nuevamente situaciones que se encuentran dentro de nuestra zona de confort, aunque no sean las deseadas, puede parecer una locura esto que digo, pero basta con que te fijes en tu situación y eches un poco la vista atrás, observa qué es lo que pasaba en tu familia, te sorprenderá más de una situación, al darte cuenta que se ha repetido o la estás repitiendo.

Un ejemplo muy claro de esto, es cuando tienes, la típica discusión de adolescente en la que le dices a tu madre:

- "¡Cuando tenga mi casa, lo haré a mi manera será totalmente diferente mamá!"

Y de pronto un día, cuando estás con tu hijo y quieres lo mejor para él te encuentras echándole la misma charla que en su día te echó tu madre y entonces reaccionas y dices:

.- "¡Caramba, parezco mi madre!"

¿Nunca te ha pasado eso? Pues el mismo proceso inconsciente que ha ocurrido en esa situación, ocurre para el resto de situaciones a menos que las hagas conscientes y así puedas modificarlas.

Y ahora vamos a por la pregunta del millón:

"¿Estarías con alguien como tú?"

> **"Ser amigo de uno mismo es el primer paso hacia una buena autoestima."**
>
> **WALTER RISO**

Debes convertirte en la persona que te gustaría tener como pareja, como compañero de viaje. Para ello lo primero es que tengas claro qué cualidades te gustaría que tuviese esa persona. Escribe ahora cómo te gustaría que fuese y no me refiero solamente a nivel físico, sino en el resto de áreas, porque sin duda es lo primero que nos llama la atención de alguien, pero si tu idea es que te gustaría alguien que compartiese contigo el resto de tus días está claro que con el paso del tiempo, esto va cambiando y que va tomando una mayor importancia otros aspectos, tú ya sabes de qué te hablo.

Pues bien, no sigas leyendo por favor sin haber hecho antes este ejercicio, es sumamente importante que hagas primero lo que va primero, como debes hacer en el resto de cosas que quieras construir, ¿ te imaginas empezar una casa por el tejado? Entiendes que no sería viable, ¿verdad?

Anota ahora todas las cualidades que se te ocurran, las más espectaculares y las habilidades más increíbles que te gustaría que tuviese la persona que quieres a tu lado y en el caso de que ya la tengas, hazlo igualmente y pon un asterisco en aquellas cualidades o características que ya posee, este ejercicio te será útil para valorar el tipo de relación que tenéis y cómo os complementáis.

Te dejo este espacio, se lo más descriptivo y preciso que puedas, así que si no es suficiente, ponlo en 2 o 3 filas, en lugar de poner solo una palabra al lado de cada guion, pero al menos escribe en los 20 puntos que te he marcado. Ánimo!!

-

-

-

-

-

-

-

-

-

-

-

-

-

-

-

-

-

-

-

-

Ahora sé que igual puede parecerte un poco pesado que te haga volver a escribir, pero créeme que es de vital importancia que hagas esto para que sirva realmente, después te alegrarás cuando comiences a ver los resultados, así que vamos a por el siguiente ejercicio y te recomiendo que lo escribas aquí todo, así lo tendrás a mano siempre que quieras revisarlo, ya que si lo anotas en una hoja aparte, puedes perderla y te tocará empezar de nuevo.

Escribe a continuación de todas las características que te gustaría que tuviese esa persona especial, cuales posees tú ya y por favor no empieces a borrar algunas de ellas, jajajja, se trata de que te hagas consciente de lo que pides y de lo que das.

No se trata de que bajes tu listón, sino de que comprendas y lo cambies para mejorarlo, ya que sino lo que lograrás es el efecto contrario. Vamos a por esa lista!!:

-

-

-

-

-

-

-

-

-

-

-

-

-

-

-

¿¿Ya la tienes?? ¡¡ENHORABUENA!!

Que no te detenga, ni te desanime si no has completado toda la lista, lo que debes hacer es pensar cómo puedes lograr ser aquello que buscas.

¡¡Se trata realmente de que logres convertirte en TU MEJOR VERSIÓN!! ¡Conviértete en tu persona favorita! ¡En TU VERDADERO TESORO!

Y esto aplica en el amor y en todas las áreas de la vida, debes vivir en la abundancia todos y cada uno de tus días y sobre todo practicarla, ¿cómo? Desde el DAR y da igual si hasta ahora tienes la sensación de que ya has dado suficiente y ya te toca recibir, te entiendo perfectamente, yo he tenido momentos en los que me sentía igual de decepcionada, no entendía cómo después de tanto entregar, de tanto esfuerzo, podía vivir las situaciones que estaba viviendo, pero esa actitud no te conducirá a lograr lo que quieres, sino al revés, quizá hasta ahora lo que ha ocurrido es que no eras consciente de muchas de las cosas de las que ahora ya sí lo eres, así que una vez más adelante!!

¡¡Vamos!! Por suerte ahora me tienes a tu lado, se lo que es vivir este proceso solo y por eso estoy aquí para que tú tengas una ayuda extra si la necesitas. En algún momento del libro y siempre al final os dejo mi contacto:

maricruzalvarezdolado@gmail.com

Siempre que quieras puedes comunicarte conmigo a través de él y si conoces a más personas en una situación parecida o que creas que podría ayudarle de algún modo leer este libro, recomiéndaselo, este gesto también te traerá Dharma, que por si no conoces el término, es una palabra sánscrita que quiere decir 'conducta piadosa correcta'.

Será un acto positivo que por la Ley de Causa y Efecto te devolverá cosas positivas a tu vida, y quién sabe quizá te devuelva ese compañer@ de viaje que tanto te gustaría para compartir tu vida o que mejore la relación con tu actual pareja.

Si no conoces tampoco la Ley que te acabo de nombrar, no le des importancia ahora, en el tercer libro de la trilogía de Tu Verdadero Tesoro, te explico esta y muchas más, vamos paso a paso, como ya te he explicado antes, debemos construir la casa desde su base y esta debe ser lo más sólida y estable posible para que todo lo que comiences a construir a partir de ahora, no vuelva a fallar, ni caerse nunca más.

Quiero que construyas la fortaleza más colosal y asombrosa que jamás te hayas imaginado.

Ahora quiero que leas detenidamente esta frase que te voy a regalar, puede parecer sencilla, pero para mí fue totalmente poderosa y efectiva en los momentos en los que uno debe mantener la FE de una forma inquebrantable, esos momentos en los que uno se encuentra en el filo de la navaja a punto de tirar la toalla y esta fue:

"Todo esfuerzo tiene su recompensa"

Para mi tiene un valor ilimitado, repítetela siempre que puedas, los resultados serán asombrosos, ¡¡¡ COMPROBADO!!! No es un consejo, ES UN HECHO.

En plena semana de exámenes, haciendo la carrera de odontología, después de cuatro días consecutivos teniendo 1 ò 2 exámenes por día, llegué a la tarde previa al último examen exhausta.

Llevaba toda esa semana durmiendo a penas para poder sacar más tiempo para estudiar, ya que de la facultad me iba corriendo a trabajar y después de estar estudiando sin parar, malcomiendo, viviendo bajo ese cúmulo de nervios y corriendo para llegar a tiempo a todos lados, tocaba prepararse el último examen que apenas había mirado con antelación por falta de tiempo, ya que mi vida se basaba en atender todo esto para sacarlo adelante, mientras vivía sola, lo que ocupaba también parte de las horas del día.

Así que como para mí no había opción B, porque una semana así la puede aguantar cualquiera, pero eso mantenido en todos los años que dura una carrera, si aún le añadimos alguno más, puede que termines ingresada por problemas de salud con tanto estrés y agotamiento, así que para asegurarme de no dormirme, me mantuve de pie toda la noche estudiado hasta la hora del examen, tenía que mantenerme en movimiento, porque como me sentase, el riesgo de que Morfeo viniera a visitarme, como te figurarás, era altamente probable, así que iba pegando hojas por las paredes y haciendo esquemas sobre ellas de cada tema de anestesiología y cuando mi mente no dabas más, me repetía una y otra vez…:

"Todo esfuerzo tiene su recompensa, Todo esfuerzo tiene su recompensa, TODO esfuerzo tiene su recompensa, TODO ESFUERZO tiene su recompensa, TODO ESFUERZO TIENE SU RECOMPENSA!!!"

Y vuelta al repaso, hasta que llegó la hora de darme una ducha fría para despertar y salir volando a por el examen y ¿¿sabes cuál fue el resultado??

Exacto!! ASOMBROSO!! No solo aprobé sino que la nota fue de sobresaliente!!

Por si no has estudiado una carrera, te aclaro que en odontología los apuntes por materia pueden ocupar para que te hagas una idea un archivador o dos de los de 80mmde ancho de oficina, así que puede que estés pensando que sea imposible que pudiera aprender todo eso y en ese estado de desgaste, a lo que solo puedo decirte que así fue, pero si quieres no me creas, porque en realidad lo que quiero es eso, que no me creas y que lo compruebes por ti mismo.

Por eso te he dicho antes que el resultado es garantizado, si tú pones todo de tu parte e incluso más de lo que crees que puedes, el universo, cosmos, Dios…llámalo como quieras…. hará todo lo que está en su mano por darte lo que quieres y aun mejor, lo que mereces y es beneficioso tanto para ti como para el entorno.

Por eso insisto en que hagas los ejercicios del libro, debes poner acción, ya que es por medio de esta como vas a conseguir que se materialicen las cosas.

Persevera hasta que logres lo que te has propuesto conseguir, hasta que lo veas con tus ojos y lo puedas tocar con tus propias manos. Sigue siempre adelante porque…

¡¡¡SI SE PUEDE!!!!

Y esto es una anécdota, un sencillo ejemplo de lo que puedes lograr, pero podrás conseguir esto y muchísimo más…

Céntrate siempre en el hacer y no en el desear. El objetivo lo sientes o decides en un momento, después olvídalo aunque sepas siempre que vas a caminar hacia él hasta lograrlo y ocúpate y céntrate en hacer sin cesar hasta que lo tengas, pero en el trayecto siente como si ya lo tuvieses.

Lee atentamente esto que te acabo de decir porque es sumamente importante, confía en lo que te digo porque es fundamental.

Hablemos ahora de otro tema como es el de los hijos y si crees que no te interesa porque no quieres tenerlos o ya son independientes, piensa que eres hijo, así que vamos a por ello.

Si aún no tienes hijos y te lo estás planteando, deberías hacer una reflexión sobre ello. El hecho de traer a un niño al mundo no debería ser un acto solo para ti, sino para él. ¿Qué quiero decir con esto?

Que lo mejor es que seas consciente desde el primer momento de que no es un capricho, no lo hagas como algo que toca por tu edad o porque es lo habitual en la sociedad y sino serás un bicho raro.

En primer lugar debería surgir desde el amor, en un vínculo realmente de compromiso, ya que tu hijo merece lo mejor, una base sólida sobre la que apoyarse, sobre la que tomar el mejor de los ejemplos, ya que el resto de su vida va estar determinada en primera instancia por esto.

Como ya te he comentado anteriormente, estamos compuestos por dos polos, dos partes o dos energías en esencia, una masculina y una femenina independientemente de tu sexo desde el punto de vista físico.

Ambas partes deben funcionar en conjunto y estar bien

integradas la una, con la otra. El hecho de tenerlo en pareja dará al niño una referencia de cómo serán sus futuras relaciones de pareja, de ahí la recomendación de que sea dentro de una relación estable y consciente, donde se practiquen y compartan los mejores valores a diario, ya que esta visión formará la base con la que ese niñ@ establecerá el resto de relaciones en su vida, tanto a nivel de pareja, como a nivel laboral, como ante cualquier situación ante la que tenga que enfrentarse en la vida.

Así si el ejemplo son hábitos saludables, emociones sanas y pensamientos positivos, tiene altas posibilidades, por no decirte que casi el 100% de probabilidades, de que en su vida mantenga y atraiga aún más situaciones positivas de éxito y sea una persona feliz y plena.

Supongo que ya habrás oído alguna vez que los niños son auténticas esponjas que absorben y aprenden de todo lo que les rodea, sobre todo hasta los 7 años, en psicología se dice que es el período crítico en el que se formará su carácter y adquirirán sus habilidades para manejarse el resto de su vida.

Esto no quiere decir que uno no pueda seguir aprendiendo después, como ya se ha visto y comprobado, que a lo largo de toda la vía el cerebro actúa como un músculo más, en cuanto a que cuanto más lo entrenes más se va a fortalecer y tiene la capacidad de continuar estableciendo nuevas conexiones neuronales a lo largo de la vida, no solo a edades tempranas, que le aportará nuevas capacidades.

Lo único que puede ocurrir es que el proceso sea más lento a más edad debido a que para establecer nuevos esquemas, deba primero desaprender los anteriores, pero como todo, es cuestión de entrenamiento y constancia.

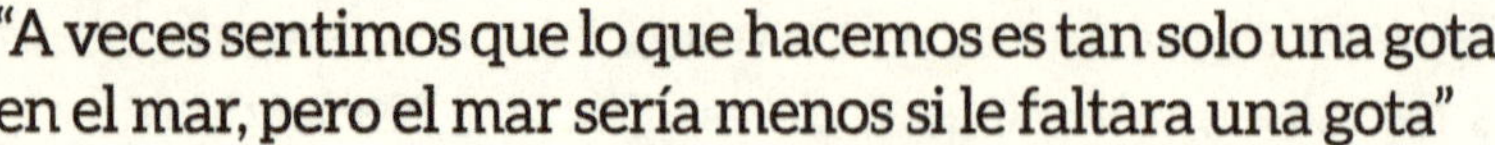

> *"A veces sentimos que lo que hacemos es tan solo una gota en el mar, pero el mar sería menos si le faltara una gota"*
>
> MADRE TERESA DE CALCUTA

Debes trabajar insistentemente en alcanzar, conocer tu maravilloso mundo interior y actuar en el exterior constantemente de acuerdo a lo que aquí dentro ocurre, pues es la única forma de que puedan llegar los cambios que esperas a tu vida.

Esta es la FÓRMULA MÁS PODEROSA que NADIE TE PUEDE DAR para conseguir tener una vida auténticamente plena.

Voy a contarte ahora la historia de "Las Cuatro Esposas"

Había una vez un Rey que tenía cuatro esposas. Él amaba a su cuarta esposa más que a las demás y la adornaba con finas vestiduras y la complacía con las delicadezas más ricas. Sólo le daba lo mejor.

También amaba mucho a su tercera esposa y siempre la exhibía en los reinos vecinos. Sin embargo, temía que algún día ella se fuera con otro.

También amaba a su segunda esposa. Ella era su confidente y siempre se mostraba bondadosa, considerada y paciente con él.

Cada vez que el Rey tenía un problema, confiaba en ella para ayudarle a salir de los tiempos difíciles.

La primera esposa del Rey era una compañera muy leal y había hecho grandes contribuciones para mantener tanto la riqueza, como el reino del monarca. Sin embargo él, no amaba a su primera esposa y aunque ella le amaba profundamente, apenas él se fijaba en ella.

Un día el Rey enfermó y se dio cuenta de que le quedaba poco tiempo.

Pensó acerca de su vida de lujos y placeres:...

Ahora tengo 4 esposas conmigo, pero cuando muera, estará sólo", así que le preguntó a su cuarta esposa:

-Te he amado más que a las demás, te he dotado con las mejores vestimentas y te he cuidado con esmero. Ahora que estoy muriendo, ¿estarías dispuesta a seguirme y ser mi compañía?

"¡¡Ni pensarlo!!" Contestó la cuarta esposa y se alejó sin decir más palabras.

Su respuesta penetró en su corazón como un cuchillo filoso.

El entristecido monarca le preguntó a su tercera esposa:

—Te he amado toda mi vida. Ahora que estoy muriendo ¿estarías dispuesta a seguirme y ser mi compañía?

—"¡No! contestó su tercera esposa. La vida es demasiado buena! ¡Cuando mueras pienso volverme a casar!"

Su corazón experimentó una fuerte sacudida y se puso frío.

Entonces preguntó a su segunda esposa:

—"Siempre he venido a ti por ayuda y siempre has estado ahí para mí. Cuando muera ¿estarías dispuesta a seguirme y ser mi compañía?

—"Lo siento no puedo ayudarte esta vez! –contestó la segunda esposa, Lo más que haré por ti es acompañarte hasta el cementerio"

Su repuesta vino como un relámpago estruendoso que devastó al Rey...

Entonces escuchó una voz: "Me iré contigo y te seguiré a donde quiera que tu vayas"

El Rey dirigió la mirada en dirección a la voz y ahí estaba su primera esposa. Se veía tan delgada, sufría de desnutrición.

Profundamente afectado, el monarca dijo:

—"Debí haberte atendido mejor cuando tuve la oportunidad de hacerlo!"....

En realidad, todos tenemos cuatro esposas en nuestras vidas.

Nuestra cuarta esposa es nuestro cuerpo. No importa cuánto tiempo y esfuerzo invirtamos en hacerlo lucir bien, nos dejará cuando muramos...

Nuestra tercera esposa son nuestros bienes y riquezas. Cuando muramos, pasarán a manos de otros.

Nuestra segunda esposa es nuestra familia y amigos. No importa cuánto nos hayan sido de apoyo aquí, lo más que podrán hacer por nosotros es acompañarnos hasta el sepulcro…

Y nuestra primera esposa es nuestro VERDADERO TESORO, nuestra ALMA, es la única que nos acompañará donde quiera que vayamos.

Así que, cultívala, fortalécela y aliméntala con AMOR ahora que hay tiempo…

3.

EL PAN NUESTRO DE CADA DÍA

"Sé fuerte para que nadie te derrote. Sé noble para que nadie te humille. Sé humilde para que nadie te ofenda y sigue siendo Tú para que nadie te olvide"

Paulo Coelho

> **Y justo cuando la oruga pensó que era su final, se transformó en mariposa....**
>
> EL PRINCIPITO

Como ya te he explicado anteriormente en Tu Verdadero Tesoro, debes convertir todos los momentos 0, en MOMENTOS 10. Siempre en la vida se dan situaciones a las que nos debemos enfrentar para crecer y evolucionar.

Todos los desafíos son oportunidades que debes afrontar de manera inteligente para que en lugar de resultar trampas en las que podemos caer y mantenernos en un estado de letargo, incluso a veces de sufrimiento innecesario que nos frena y retrasa en nuestro crecimiento personal, puedas emplearlos como ocasión de aprendizaje y catapulta que te impulse y coloque en el siguiente nivel.

Así que si estás pasando ahora mismo por algún momento que te mantiene estancado, DESPIERTA!! Se inteligente y busca el lado positivo, porque te aseguro que aunque no lo creas, lo tiene.

Como te acabo de explicar todo lo que pasa en la vida viene a enseñarte algo de lo que no eras consciente, así que ábrete a entender qué es lo que necesitas aprender de esa experiencia y déjala ir cuanto antes.

Esto además de ahorrarte un mal trago durante mucho tiempo, te ayudará a que no vuelva a ocurrir, ya que una vez aprendida la lección, ya no es necesario volver a pasar por ella, eso sí, debes asegurarte de que has hecho bien el ejercicio, porque si no, la vida te lo volverá a poner nuevamente como prueba, quizá con un escenario diferente o quizá a través de otras personas, pero lo hará.

Por todo esto es por lo que debes mantener siempre tu mente y tu corazón abiertos para asumir y procesar toda la información que recibas y sacar el máximo beneficio, ahorrando tiempo y esfuerzo en tu aprendizaje, pudiendo así dedicar toda esta energía a celebrar y disfrutar de todas las bendiciones y éxitos que van a llegar a tu vida a partir de este momento en el que ya conoces toda esta información.

Ahora te recomiendo que cojas lápiz y papel y escribas tu lista de situaciones del día a día que consideres que te frenan o bajan tu nivel de energía, esos que te vienen a la mente cuando decimos que es el pan nuestro de cada día, tú sabes cuales son, así que escríbelos.

Divide tu hoja en dos o tres columnas, pon en la derecha todo aquello que se haya dado en el día de hoy que te ha parecido o hayas sentido como negativo y una vez escritas todas estas, escribe en el lado derecho la parte positiva de que haya ocurrido esa situación.

Si no encuentras la parte positiva, añade una tercera columna para anotar que podrías hacer para que resultase beneficiosa.

Como en el resto de ejercicios al principio te resultará complicado llevarla a cabo, pero a medida que tomes más y más práctica, saldrá casi de forma automática.

Aquí te dejo un espacio en blanco para que puedas hacer tus anotaciones. Ánimo!!

<u>Momentos 0</u> ➜ <u>Momentos 10</u> ➜ <u>Acción para hacerlo</u>

- Perdí el equipaje ➜ me encanta mi nueva maleta ➜ me compré una maleta mejor

-       ➜   ➜

-

-

-

-

-

-

-

-

-

-

-

-

Escribe todo lo que se te ocurra, aunque te parezca una tontería, dale importancia a todo lo que te pase, si esa situación ha venido a tu cabeza y la has tenido en cuenta sea en mayor o menor grado, es porque algo debes aprender de ello. No subestimes ningún suceso, sin duda puede que no todos tengan el mismo grado de significancia, pero debes prestarle igualmente atención.

A medida que repitas todo esto cada día, iras siendo cada vez más consciente de que todo pasa para un bien mayor, aunque en un principio pueda parecer que esa situación no tiene nada bueno, conseguirás focalizar tus pensamientos hacia lo positivo, polarizarás todo lo que ocurra en beneficio tuyo y transformarás los momentos 0 en Momentos 10, sea lo que sea que ocurra.

- **Tu peor enemigo siempre será tu mente.**

- **¿Por qué?**

- **Porque Ella Conoce Todas Tus Debilidades.**

Sanación Emocional

Hazte responsable de tu vida y podrás dar realmente gracias por el pan nuestro de cada día. Es importante también que recuerdes hasta donde llega tu responsabilidad, para ello, mira detenidamente este esquema que pongo a continuación:

Esto **NO** es mi responsabilidad

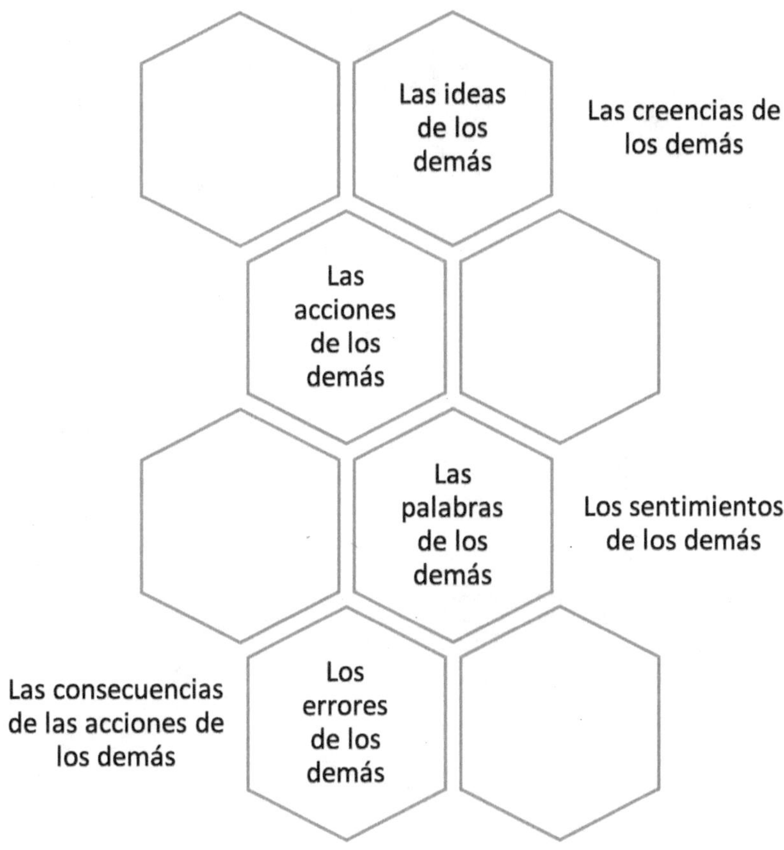

Y Ahora observa lo que sí, depende de ti.

Esto SI es mi responsabilidad

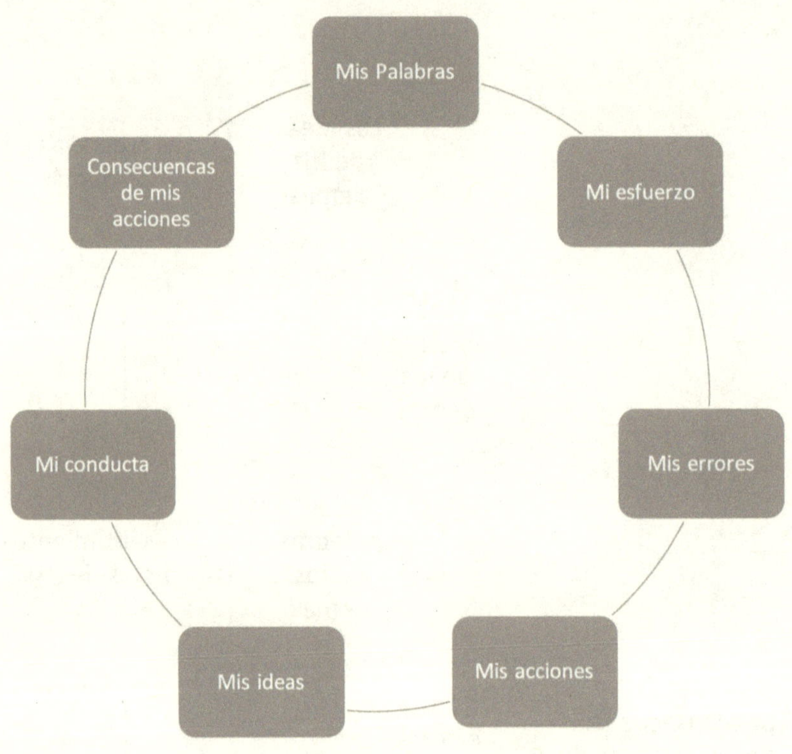

"A veces perder es ganar y no encontrar lo que se busca es encontrarse".

ALEJANDRO JODOROWSKY

βuda decía que sabía hacer tres cosas y que eran las más importantes:

☐ Saber pensar

Con esto Buda apelaba al hecho no solo de saber pensar, ya que todos tenemos esa capacidad, sino de saber seleccionar los pensamientos que nos ayudan a mejorar y dejar pasar los menos positivos, los que solo atienden a viejos patrones, a programas instalados en nuestro subconsciente con el fin de asegurar nuestra supervivencia, pero que nos impiden el poder continuar aprendiendo y avanzando en el momento actual, en el momento presente.

Por eso en determinados momentos en los que reaccionamos exageradamente, debemos saber pensar correctamente, para darnos cuenta de que la situación tiene solución y que por supuesto, no conlleva un riesgo vital como para tener esa respuesta tan exagerada por nuestra parte y que nos supone una depresión o un ataque de ansiedad, si no lo corregimos y hacemos consciente lo antes posible.

> "Si exagerásemos nuestras alegrías, como hacemos con nuestras penas, nuestros problemas perderían importancia."
>
> ANATOLE FRANCE

Es como si viésemos al león amenazante mostrando sus filados colmillos delante nuestra y oyésemos su feroz rugido mientras ambos tenéis clavada la mirada el uno en el otro esperando a una mínima reacción que sirva de excusa o como marca de inicio del ataque. Es un instante en el que el corazón empieza a palpitar a toda prisa y tienes una reacción explosiva como respuesta para salvarte la vida sea como sea.

En esos momentos es cuando el propósito de estos programas cobra sentido, pero no para la vida diaria en la que se nos presentan constantemente situaciones a resolver, pero que no requieren salir huyendo en estampida, sino aprender.

"Piensa Bien y vencerás"

Así que dentro del saber pensar uno debe incluir el saber discernir, es decir, distinguir por medio del intelecto, por medio de tu pensamiento ante qué tipo de situación te encuentras.

En muchas ocasiones es confuso lograrlo y determinar cuál de todos los pensamientos es el más adecuado, pero con la práctica y las herramientas que vas a ir aprendiendo a lo largo de este libro, cada vez te resultará más sencillo y podrás hacerlo con más facilidad.

> **"A veces es difícil discernir la voluntad divina, pero nunca hay que perder la fe"**
>
> Anónimo

▫ Saber esperar

A su debido tiempo y con las acciones adecuadas todo llega.

Pero siempre habrá un tiempo de gestación, un tiempo en el que todo poco a poco se va organizando para que finalmente se dé el milagro.

No se trata solo de saber esperar, sino de saber qué se espera. Como te decía antes existe un tiempo para que las cosas se den, pero debes mantener una espera activa y ¿en qué consiste esa espera?

En actuar en dirección hacia tu objetivo para que este te encuentre lo antes posible al caminar por el mismo camino. De esta forma no solo llegará a ti, sino que acelerarás el proceso.

El ejemplo práctico de esto es que si plantas un manzano, en primer lugar, sabes qué esperas, manzanas ¿verdad? y tendrás que esperar a que de las manzanas.

Pero en la espera, cuida y riega el árbol para que pueda dar las manzanas que quieres.

> Practica la espera activa.

Y fíjate que si además lo riegas con más frecuencia y le aportas nutrientes extras no solo acelerarás el proceso, sino que saldrán mejores manzanas posiblemente de lo que esperabas. ¿Lo entiendes mejor ahora?

Esperar es mantener la esperanza de que aquello que se desea se dé, es mantener la fe de que así va a ser, porque eso hará que tu foco y energía, además de tus acciones se encaminen y avancen sin cesar hasta alcanzar el objetivo.

*"Pídele constantemente a Dios,
pero sigue remando hacia la orilla."*

Proverbio ruso

Debes creer que sucederá, porque creer es crear y cuanto más confíes en esa creencia que sientes, que nace desde tu corazón y que hace vibrar todo tu cuerpo, antes se manifestará, porque esta confianza surge del amor y este es la llave maestra que hace posible lo imposible y abre puertas de oro, incluso donde solo había rocas.

Por la Ley de causa y efecto, debes saber que a medida que das, te será dado de vuelta, así que en algunas ocasiones puedas sentir que el tiempo apremia, que ya no tienes tiempo para tener lo que quieres, que lo necesitas ya, que la ansiedad empieza a dominarte, no temas, dale tiempo al tiempo y verás cómo además de venir de vuelta, este será recompensado.

Recuerda todo esto cuando pronuncies frases que aludan a la falta de tiempo como:

"No tengo tiempo"

Porque de entrada además de ser una excusa y sé que ahora mismo tu mente estará mandándote múltiples argumentos para seguir manteniéndote en el..:

"¡¡Es que es verdad!! ¡¡No tengo tiempo…!!"

Pero déjame que siga y te explique, que en lugar de esa frase, si no quieres o no sabes ver la realidad que esta esconde, puedes utilizar otras como:

"Buscaré el momento"

Aunque no lo creas aun, eso ya deja una posibilidad abierta a que lo hagas. Compruébalo.

Pero sinceramente la que debes decirte, si de verdad quieres tener un CAMBIO en tu vida, es:

¡Voy a hacerlo AHORA.!

Y sin más vacilaciones, ¡HAZLO!

> "¡¡Date el tiempo para hacerlo, pero no le pidas al tiempo que lo haga por ti!!"
>
> MARICRUZ

Aprende a esperar, ya sabes ahora que no se trata de espera de forma pasiva, sino **activa**, así que busca tiempo para hacerlo y deja que se produzca todo lo demás, todo lo que no está de tu mano, confía en el proceso.

□ Saber ayunar

En una época en la que la esperanza de vida era de 55 años, Shakyamuni Buda consiguió vivir hasta los 80 años. Bien es cierto que además del ayuno, para lograr este aumento en la esperanza de vida, llevaban a cabo prácticas de meditación y hacian abundante ejercicio físico o se daban largas caminatas.

Aunque actualmente pueda estar de moda practicar el ayuno, sobre todo con la intención de perder peso, es algo que lleva haciéndose desde la antigüedad, con un fin espiritual o bien como medio de curación física.

Existen muchos tipos de ayuno, como el ayuno intermitente, que consiste básicamente en delimitar a una franja horaria el tiempo para poder comer alimentos saludables y una vez fuera de ese horario ya no ingerir nada más.

Pero aparte de los beneficios físicos, como la pérdida de peso o la eliminación de toxinas y el descanso que se le proporciona al organismo y la oportunidad de recuperarse, este ejercicio a través de la dieta ayuda a acercarnos al autocontrol.

Existen 13 prácticas ascéticas en las que se cultiva la disciplina y el autocontrol, siguiendo la enseñanza de Dhutanga, que quiere decir Renunciación y que están recogidas en el Cánon Pali. Entre ellas, 4 se refieren a la comida:

1.- Comer solo una vez al día, antes de mediodía

2.- Comer en una sola sentada

3.- Comer cantidad moderada y suficiente

4.- Comer solo los alimentos recibidos en las primeras casas de la jornada de mendigar

Pero lo más importante del ayuno es el lograr el autocontrol, para que nada ni nadie logre sacarte del camino del medio, de tu centro, de la conexión contigo mismo y puedas caminar en equilibrio, paz y tranquilidad interior, hasta alcanzar tu meta.

> "La mente intuitiva es un regalo sagrado y la mente racional es un fiel sirviente. Hemos creado una sociedad que honra al sirviente y se olvida del regalo."
>
> ALBERT EINSTEIN

Muchas veces nos enfrentamos también a la queja ante nuestros propios errores, ¡¡pero todos somos humanos y es de humanos errar!!

Esto no sería un problema siempre y cuando fuese constructivo, ¿qué quiero decir con esto?, que habitualmente hacemos miles y miles de cosas al cabo del día que están bien hechas y no nos paramos a celebrarlas, ni se nos felicita por ellas, porque es lo que hay que hacer, vale, pues si usamos esta forma de pensar o evaluar, tampoco deberíamos poner el grito en el cielo cuando nos equivocamos, porque también está dentro de la humanidad, dentro de nuestra dimensión como seres humanos, como acabamos de decir.

Aunque esto no suele reconocerse de esta forma y parece que solo pesa o importa habitualmente los fallos que cometemos, supongo que habrás oído la frase:

"Mata un perro y te llamarán mataperros"

Deberíamos ser justos y utilizar el mismo medidor para ambas situaciones y la forma de lograrlo es haciendo cada día antes de acostarnos el recuento de lo ocurrido, por ejemplo escribiendo en dos columnas, tipo esto que te pongo a continuación con un ejemplo y que tú debes seguir escribiendo, o al menos practicarlo mentalmente:

Cosas que celebrar vs cosas que mejorar

Hoy practiqué deporte   - me comí tres chocolatinas

-                              -

-                              -

-                              -

-                              -

-                              -

-                              -

-                              -

-                              -

Si no lo vas a escribir todos los días, al menos esta vez, hazlo por escrito, te ayudará visualmente al final a darte cuenta de un vistazo no solo de lo que puedes mejorar, sino además a ser consciente de cuantas cosas realizar al cabo del día.

Si te das cuenta, ya no lo nombro como error, eso hará que ya de entrada les des una visión menos negativa, para qué condenar más lo que ya sabemos que simplemente hay que corregir para obtener mejores resultados?

Debes rellenar ambas columnas con el máximo número de acciones, por muy simples que te parezcan y enumerarlas para que de un vistazo, te sea más fácil evaluar, cuál de las columnas pesa más como si de una balanza se tratase.

Al principio puede parecerte una tarea tonta y pesada, pero te aseguro que poco a poco te irá saliendo de forma más rápida, acabará por gustarte y ser imprescindible, no querrás irte a dormir sin haberla hecho y los beneficios serán espectaculares, aunque no lo creas dormirás mejor y tus horas de sueño serán mucho más eficaces al irte con la tarea hecha, es como si hubieses limpiado y liberado tu mente de toda la carga acumulada poco a poco y sin darnos cuenta por el ritmo frenético con el solemos vivir actualmente a lo largo del día.

Si vas a hacer valorarte y tienes dos opciones, que sea por lo positivo, atiende a lo positivo para que sigas aumentando esta lista. Si por el contrario optas por ver y darle más importancia a lo negativo, acabará por ocurrir, esto es lo que se conoce como la profecía auto cumplida.

Haz todo lo máximo que puedas hacer, tú sabes si puedes sinceramente más o no, la mayoría de las veces se nos da mejor poner alguna excusa que justifique que no podemos hacer mejor las cosas, y no confundas esto que te digo con la hiperexigencia, sino con eliminar la pereza, la cual siempre nos lleva a sitios que son diferentes al que en realidad nos gustaría llegar.

Ya sabes:

"No dejes para mañana lo que puedas hacer hoy"

4.

HERENCIA EMOCIONAL

"*VIVE tus SUEÑOS y no tus miedos*"

Es importante dentro del proceso de consciencia, darse cuenta de cuál es tu herencia emocional, con esto me refiero a qué patrones es probable que estés repitiendo como resultado de lo recibido y aprendido de tus antepasados o sin ir, si quieres, tan lejos, de tus familiares más inmediatos como tus padres y tus propias vivencias de la infancia.

Esto puede serte útil para poder dar explicación y así alcanzar la comprensión de porqué llegan a tu vida determinadas situaciones sea en el área que sea, tanto en las relaciones de pareja, de amigos, laborales, como en el resto que son, como ya sabes, el área del dinero o de la salud, pues todo ese conjunto es lo que fabricará y determinará tu futuro.

Por eso es tan importante poder descubrir todo esto, ya que su conocimiento es lo que hará que puedas modificarlo y así cambiar para que todo lo que deseas llegue al fin a tu vida.

Fábula DE CÓMO EL VIEJO TONTO REMOVIÓ MONTAÑAS

Las montañas de Taihang y Wangwu tienen unos setecientos li* de contorno y diez mil li* de altura.

Al norte de estos montes vivía un anciano de unos noventa años al que llamaban EL Viejo Tonto.

Su casa miraba hacia estas montañas y él encontraba bastante incómodo tener que dar un rodeo cada vez que salía o regresaba; así, un día reunió a su familia para discutir el asunto.

—¿Y si todos juntos desmontásemos las montañas?— sugirió. Entonces podríamos abrir un camino hacia el Sur, hasta la orilla del río Hanshui.

Todos estuvieron de acuerdo. Sólo su mujer dudaba.

—No tienen la fuerza necesaria, ni si quiera para desmontar un cerrejón —objetó—. ¿Cómo podrán remover esas dos montañas? Además, ¿dónde van a vaciar toda la tierra y los peñascos?

—Los vaciaremos en el mar— fue la respuesta.

Entonces el viejo Tonto partió con sus hijos y nietos. Tres de ellos llevaron balancines. Removieron piedras y tierra y, en canastos los acarrearon al mar.

Una vecina, llamaba Jing, era viuda y tenía un hijito de siete u ocho años; este niño fue con ellos para ayudarles. En cada viaje tardaban varios meses.

Un hombre que vivía en la vuelta del río, a quien llamaban El Sabio, se reía de sus esfuerzos y trató de disuadirlos.

—¡Basta de esa tontería! —exclamaba—. ¡Qué estúpido es todo esto! Tan viejo y débil como es usted no será capaz de arrancar ni un puñado o de hierbas en esas montañas. ¿Cómo va a remover tierras y piedras en tal cantidad?

El viejo Tonto exhaló un largo suspiro.

—¡Qué torpe es usted! —le dijo—. No tiene usted ni siquiera la intuición del hijito de la viuda. Aunque yo muera, quedarán mis hijos y los hijos de mis hijos; y así sucesivamente, de generación en generación. Y como estas montañas no crecen, ¿por qué no vamos a ser capaces de terminar por removerlas?

Entonces El Sabio no tuvo nada que responder.

Lie Zi.(del libro Fábulas antigua de China)

*Antigua medida china que equivale a 500 metros

"El entusiasmo mueve montañas"

El verdadero propósito de hacer esta reflexión o memoria de lo vivido, no es conocer las heridas, sino cerrarlas, no debes desesperar pues dependiendo de la profundidad o de su cronicidad, el tiempo de curación puede variar, pero lo importante es que empieces, aunque creas que no va a servir de nada, continúa siempre adelante.

Cuanto más ahondes y profundices, mejores resultados podrás obtener, la única vía para ello es el trabajo personal, puede que a medida que practicas distintos métodos, cada vez te resulte más fácil y rápido encontrar las respuestas que buscas, pero recuerda siempre que como para todo en la vida, debes poner ACCIÓN, esa es siempre la clave, ya que si solo descubres la llave, pero no la accionas, no se abrirá la puerta tras la cual se encuentra aquello que buscas y sobre todo **ATENCIÓN,** para que cuando lleguen las respuestas, estés preparado para verlas.

Ese es el principio fundamental, es importante saberse la teoría, pero imprescindible aplicarla mediante la acción para que sea realmente útil.

Vivimos de forma que todo lo que nos pasa negativo tendemos a taparlo, dejarlo de lado sin más y maquillarlo para que parezca como si nada hubiese pasado.

Es como barrer y dejar todo debajo del felpudo, en cuanto se mueve un poco o sopla el viento, aquello que queríamos tapar, vuelve a esparcirse.

Casi resulta vergonzoso reconocer que has tenido determinada experiencia dolorosa, esto es el resultado de la creencia de que si alguien lo conoce, puede usarla en tu contra, como tu talón de Aquiles o que quizás no seas aceptado por ello, pero nada más alejado de la realidad. Puede que siempre que uno se muestra tal cual es, haya alguna voz en desacuerdo, pero si ese es tu miedo y crees que deberás defenderte, cómo crees que lo harás mejor? Con una carga extra a tus espaldas que te está produciendo ya dolor de por sí? O liberado de tus lastres?

Lo cierto es que si no lo resuelves adecuadamente, así puede ser, por eso es importante llegar a ese lugar, aunque resulte muy doloroso, pero no por el mero hecho de recordar acontecimientos dolorosos, sino para poder gestionarlos correctamente y sanarlos.

La cura para todo es siempre agua salada: el sudor, las lágrimas o el mar.

KAREN BLIXMEN

Resulta complicado poder tanto acceder a ellas, como sanarlas, ya que este tipo de heridas suelen ser sutiles e invisibles. La medicina puede tratar todo aquello que ve, que es medible, cuantificable, pero cuando se trata del alma, la cosa se vuelve más confusa, ya que aunque sabemos y ya vamos aceptando que existe una relación y manifestación psicosomática, es decir que las emociones y los distintos estados de ánimo pueden producir diferentes respuestas a nivel orgánico y desencadenar enfermedades o activarlas, aún hay a quien le cuesta tratar y hablar de los temas emocionales más profundos para sanar esa parte.

"La magia es el puente que te permite ir del mundo visible hacia el invisible. Y aprender las lecciones de ambos mundos."

Paulo Coelho

Supongo que tú también eres consciente ya de esto e incluso lo has podido comprobar por ti mismo, pero aún queda camino por recorrer para poder darnos cuenta y poder emplear todo el SUPERPODER que poseemos en nuestro interior.

Desde pequeños se nos enseña la lealtad a los padres por encima de la propia hacia nosotros mismos, aunque eso implique hacernos daño por protegerlos a ellos o a la familia en general, por proteger esa lealtad que llevamos grabada en lo más profundo de nuestro ser.

Piensa por ejemplo y te hablo de casos extremos para que lo veas rápidamente, cuando en una familia alguno de los padres es alcohólico y un maltratador. Muchos de los hijos de estas parejas se callan por la vergüenza del qué dirán, por miedo a la propia represalia de su progenitor si se entera de que le ha delatado o si se enfrenta a él, incluso a veces a corta edad prefieren enfrentarse directamente a pesar de ser conscientes de que eso puede costarle la vida, pero es la única defensa que entienden para defender al progenitor agredido y así no tener que pedir ayuda fuera, lo que sería una falta absoluta de lealtad hacia sus padres.

Puede que haya salvado la lealtad pero ese trauma se quedará grabado y antes o después saldrá de alguna forma, porque estas heridas emocionales funcionan como los virus, puede que pongas voluntad para actuar de una manera correcta desde la lógica social de lo que es correcto y que no te afecte o al menos que no se note emocionalmente, pero cada vez que surge un problema o tu moral baja un poco, los virus que anidan estas heridas aprovechan para volver a reinfectar todo tu sistema y el dolor vuelve a revivir en ti aquellas experiencias.

Pero quizá tampoco haya que irse a casos tan extremos, solo hay que detenerse un poco a observar, en la vida actual el ritmo con el que se vive y la necesidad de trabajar ambos padres, esta falta de juego, de tiempo con la familia, provoca de manera sutil otro tipo de carencias emocionales que si no son bien atendidas, pueden dejar también algún tipo de consecuencia en esos niños dependiendo de la sensibilidad y la forma en que vivan todo esto.

Cuando se producen este tipo de daños existen dos maneras principales de salir de ellos:

Una es como alguien herido y por tanto alguien que seguirá desencadenando el mismo proceso en los que le rodean.

Otra, como un sabio, por todo lo aprendido a través de ese dolor y que conscientemente será capaz de evitar el producir estas heridas en los demás.

Estas lealtades son como patrones que están grabados interiormente, que forman parte de tus creencias inconscientes y que actúan sin darte cuenta muchas veces aunque ello suponga hacerte daño y mantenerte en la zona de confort como tantas otras veces ya te he contado.

Existen muchas frases de lealtad que deben ser bien interpretadas, como por ejemplo:

"La lealtad es mantenerte al lado de alguien incluso si sus acciones están en contra de tu voluntad"

M.F. Moonzanjer

La definición es correcta, pero es conveniente añadir si esa lealtad te lleva a hacer lo correcto, lo que es bueno para todos los implicados.

Estarás de acuerdo conmigo en que serle leal a un maltratador, no aporta nada bueno a nadie, ni al propio maltratador, si consientes su conducta estarás siendo partícipe de ese comportamiento, aunque no lo hagas tú.

En todo caso podrás comprender porqué ha llegado a esa situación, sin duda alguien así ha sido maltratado previamente y no ha sabido solucionar, herida provocada por ello de la mejor forma, pero esta comprensión desde el amor, no implica que tu debas dejar maltratarte por él o ella.

Si llega a ser consciente de su situación y se deja ayudar, podrás hacerlo desde el amor incondicional, pero si no se deja, aléjate y deséale lo mejor.

> "Cada persona que ves, está luchando una batalla de la que tú no sabes nada. Sé amable SIEMPRE"
>
> Anónimo

Es importante y un deber de nacimiento mantener el cuerpo sano, pues es el templo que se nos ha regalado para albergar al Ser que habita, sin embargo no es suficiente con mantener una buena alimentación, sino que además debes aprender a establecer una buena comunicación con este y hacerlo tu fiel aliado pues es tu mensajero, el conector entre mente y espíritu, la alarma que te alerta e indica que estás dejando de prestar atención a cuestiones importantes, como las señales que te guían hacia el camino que has venido a recorrer.

> "El Alma es invisible, un ángel es invisible, el viento es invisible, el pensamiento es invisible, sin embargo con delicadeza... se puede ver el Alma, se puede adivinar el ángel, se puede sentir el viento, se puede cambiar el mundo con algunos pensamientos."
>
> ROSEANA MURRAY

5.

TÉCNICAS PARA ALCANZAR EL AMOR

"Dios no juega a los dados: Nuestros tiempos se caracterizan por descubrimientos científicos extraordinarios y por sus aplicaciones prácticas. ¿Quién no queda impresionado por ello? No obstante, no olvidemos que el conocimiento y las aptitudes técnicas no llevan a la humanidad a una vida digna y feliz. La humanidad tiene todo su derecho a colocar a aquellos que expresan valores morales por encima de aquellos que descubren la realidad objetiva. Lo que la humanidad debe a Buda, Moisés y Jesús es mucho más importante que el éxito de las investigaciones realizadas por las mentes de científicos. La humanidad debe defender con todas sus fuerzas las enseñanzas de estos grandes hombres si no quiere perder su "raison d'etre", la certidumbre de su destino y la alegría de su existencia."

Albert Einstein

Personalmente, como ya he dicho otras veces y seguiré diciendo, el AMOR es el motor que mueve el Mundo.

Sea por su presencia o por su carencia en algún sentido, pero en definitiva la base de todo.

Existen como ya te he contado en páginas anteriores, diferentes clases de amor, pero finalmente este, sea del tipo que sea, es el que genera movimiento.

Vivir sin amor es igual a cortar las alas a un pájaro. El dolor y sobre todo el dolor por falta de amor, si no se resuelve pronto podría hacerte olvidar para qué fuiste creado.

Albert Einstein le explicaba así a su hija, lo que era el Amor:

"Hay una fuerza extremadamente poderosa para la que, hasta ahora, la ciencia no ha encontrado una explicación formal.

Es una fuerza que incluye y gobierna a todas las otras, y que incluso está detrás de cualquier fenómeno que operan el universo y aún no ha sido identificada por nosotros.

Esta fuerza universal es el Amor.

El amor es luz, dado que ilumina a quien lo da y lo recibe.

El amor es como la gravedad, porque hace que unas personas se sientan atraídas por otras.

El amor es potencia, porque multiplica lo mejor que tenemos, y permite que la humanidad no se extinga en su ciego egoísmo.

El amor revela y desvela, por amor se vive y se muere, esta fuerza lo explica todo y da sentido en mayúsculas a nuestra vida.

Esta es la variable que hemos olvidado durante demasiado tiempo, tal vez porque el amor nos da miedo, ya que es la Única energía del universo que el ser humano no ha aprendido a manejar a su antojo.

Cuando aprendamos a dar y recibir esta energía universal, querida Lieserl, comprobaremos que el amor todo lo vence, todo lo trasciende y todo lo puede, porque el amor es la quinta esencia de la vida.

Lamento profundamente no haberte sabido expresar lo que alberga mi corazón, que ha latido silenciosamente por ti toda mi vida.

Tal vez sea demasiado tarde para pedir perdón, pero como el tiempo es relativo, necesito decirte que te quiero y que gracias a ti he llegado a la última respuesta."

Tu padre.

Albert Einstein

Albert Einstein define al Amor, como la Quintaesencia.

Para Empédocles (c.483 -430 a.c.) el universo se componía de cuatro elementos o esencias: tierra, agua, aire y fuego. Para Aristóteles, había uno más, de índole superior, mucho más sutil: el éter… un quinto elemento, en griego 'pemptê ousia' traducido al latín por 'quintus essentia' que correspondía al elemento invisible que llena el universo. La 'quintaesencia' es lo más fino de una cosa, lo esencial y más puro.

Debemos tener en cuenta que los obstáculos más grandes son nuestras propias indecisiones, las dudas que se anteponen como sombras opacando la luz que mereces ver.

El miedo es nuestro enemigo más fuerte, lo más destructivo y en muchas ocasiones aunque te pueda parecer increíble es a nosotros mismos, quizá porque lo más fácil es equivocarnos.

A pesar de todas las equivocaciones que hayas podido cometer en tu vida, creo que, peor que la equivocación es el desaliento, el desánimo y la pérdida de esperanza e ilusión.

Deja de limitarte, muchas veces además del miedo, la soberbia, el rencor, la envidia, etc, pueden bloquear tu avance, suéltalas ya, desbloquéalas. Cambia todas esas sensaciones por otras más agradables, la más grata de todas es LA BUENA CONCIENCIA.

Para alcanzarla, pon todo el esfuerzo para ser mejor sin ser perfecto y sobre todo la disposición para hacer el bien y defender la justicia donde quiera que estén.

La meditación es una forma para alcanzar el AMOR, la mayoría de las modalidades de la meditación pueden mejorar hasta cierto punto nuestra salud mental.

Vayamos ahora a las técnicas para alcanzar el AMOR, ese en el que te sientes sosegado, en el que encuentras que tu conciencia está tranquila y pongámosles nombre:

> "No trates de expulsar los pensamientos. Dales espacio y déjalos ir"
>
> JON KABAT-ZINN

Si nunca has tenido contacto con esto de las energías y para que puedas entender un poco mejor estas técnicas, voy a contarte cómo se organiza nuestro cuerpo energéticamente, para lo que te pido que abras tu mente a un nuevo entendimiento, simplemente lee y tómatelo como cuando te enseñaban en el colegio los órganos del cuerpo humano, aunque no los habías visto nunca antes.

En primer lugar, debes entender que todo en el universo está compuesto por energía, ésta a su vez puede ser más sutil o más densa. La parte que nosotros alcanzamos a ver es la más densa, nuestro cuerpo humano.

A su vez, el cuerpo se halla formado por canales energéticos, los denominados meridianos o chakras, que serían los canales o centros por los que circula la energía, generalmente si esta no fluye bien, se producen bloqueos que es lo que nos hace enfermar.

Pues bien, estas son las que puedes realizar tu solo, lo cual no quiere decir que no puedas llevarlas a cabo con más gente, a lo que me refiero es que, no es estrictamente necesario que haya nadie más contigo. Comenzamos:

"El conocimiento viene de tener una única perspectiva, pero la sabiduría viene de tener múltiples perspectivas"

Gregory Bateson

MEDITACIÓN

"No eres la charla que oyes en tu cabeza, eres el Ser que escucha esa charla"

KRISHNAMURTI

Popularmente se habla de una gran cantidad de beneficios que se pueden obtener de la práctica de la meditación, pero he querido aportarte aquellos datos valorados mediante el método científico.

Siguiendo un estudio realizado por los Doctores Daniel Goleman y Richard J. Davidson, los sistemas neuronales afectados por la meditación son 4:

1.- El sistema de reacciones frente a situaciones o cosas desagradables, estrés y modo de recuperación de él.

2.- El sistema de la atención.

3.- El sistema que tiene que ver con la sensación de identidad.

4.- El sistema de la compasión y la empatía.

Dos grandes beneficios del esfuerzo contemplativo son un cuerpo sano y una mente sana.

También se vio que la amígdala implicada en los procesos cerebrales que gestionan el estrés, presentaba una menor reactividad, lo que se traduce en una sensación menor de estrés después de practicar mindfulness durante 30h en un período de 8 semanas, además de pequeñas mejoras en los marcadores moleculares del envejecimiento celular.

Además se comprobó que la activación de esta estructura del cerebro se mantenía atenuada, no solo frente a una situación de estrés, sino en estados de normalidad, en un porcentaje de un 50%.

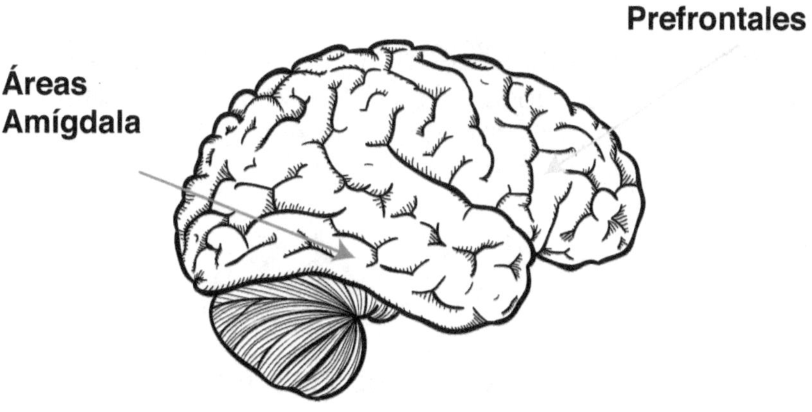

Tu mente cree todo lo que le dices, así que háblale de todo aquello que quieras que exista en tu Vida, háblale de Amor, de Valentía, de Confianza, de Honestidad, de Fe, de Esperanza…. Al principio es posible que se revele y siga mandando mensajes en contra, pero la perseverancia logrará que aceptes los nuevos valores y deseche todo lo demás.

El estado en el que se encuentra el cerebro, se determina en función de la frecuencia de tus ondas cerebrales. Y se han determinado 4 estados que son Beta, Alpha, Theta y Delta.

En el estado **Beta**, la frecuencia de las ondas cerebrales está entre los 14-21 ciclos por segundo (cps) y en aumento y se asocia con el estado de vigilia, cuando estás despierto, te das cuenta del tiempo y espacio y mantienes activos los 5 sentidos.

En el estado **Alpha**, la frecuencia está entre 7- 14 cps y se asocia con el sueño liviano, la meditación, la intuición y no hay un límite de tiempo, ni de espacio, la noción de estos se diluye.

Estado **Theta**, donde la frecuencia oscila entre los 4-7 cps y aquí ya entramos en un sueño profundo y en un estado de meditación.

En el estado **Delta** se da el sueño profundo y estás inconsciente, la frecuencia es de 0-4 cps.

En los retiros de meditación de 3 meses, se observaron indicadores de un mejor manejo de la regulación emocional.

Cuando la práctica es a largo plazo logra que se produzca una mayor conectividad funcional entre las áreas prefrontales, que son las que gestionan la emoción y reducen la reactividad de la amígdala frente al estrés.

Otro de os beneficios es que mejora la atención y en los meditadores avanzados con una práctica continuada, aumenta la rapidez con la que se recuperan del estrés.

Con la meditación se fortalecerá tu atención selectiva, es decir, tu capacidad para centrarte en lo que te interesa y tener la capacidad a la vez de excluir todos aquellos elementos que puedan distraerte de tu objetivo.

Anteriormente te decía que para empezar a notar los beneficios de la meditación en cuanto al estrés era preciso practicar durante 8 semanas ¿verdad? bien, pues tengo mejores noticias aun para darte, porque según se ha observado, puedes comenzar a notar mejoras en tu atención a las 2 semanas con un total de 10h de mindfulness, además tanto este método de meditación como otros similares pueden aliviar la parte emocional del sufrimiento que se suele padecer en presencia de una enfermedad.

Como es sabido, el componente emocional afecta tanto a nuestro sistema inmunológico, como a la tensión arterial y se ha visto que con una práctica de tan solo 3 días ya se puede observar una reducción a corto plazo de las citoquinas proinflamatorias, que son las moléculas responsables de la inflamación.

A nivel psicológico resulta útil en algunos trastornos como la depresión grave y los trastornos de ansiedad, se puede decir que su efecto es similar al de la medicación, pero sin los efectos secundarios que esta produce.

En los monjes o yoguis más experimentados con hasta unas 62000h de práctica meditativa, se observó mediante un EEG (prueba que sirve para medir la actividad eléctrica del cerebro) que la actividad relacionada con los circuitos neuronales asociados con la empatía aumentó entre un 700-800%, comparado con un estado en reposo.

La investigación sigue ahondando en los beneficios que aporta la meditación, aunque como ya has visto son unos cuantos los que ya se han podido demostrar y otros muchos que se intuyen.

Debes saber que no solo los beneficios que aporta son para uno, sino que afecta de forma positiva a tu entorno, al reducir tu capacidad reactiva frente al estrés, aumentar tu empatía y bondad, hará que tu capacidad de relacionarte contigo mismo y con el mundo sea más próximo y agradable.

Aunque no te conviertas en un yogui, ¿no crees aun que merece la pena practicar la meditación? Recuerda que con 8-10 min diarios comenzarás a notar los beneficios, en lo que piensas una respuesta fundamentada en tus razones de si te merece la pena o si tienes tiempo para ello o …. Probablemente ya haya transcurrido este tiempo sin haberte decidido.

¡Ánimo, no lo pienses más y simplemente HAZLO!

Y si en algún momento alguien te dice
que tú no puedes, respóndele:

¡¡¡ MIRA CÓMO LO HAGO!!!

Si no sabes cómo, empieza por cerrar los ojos y concentrarte en la respiración, siente como entra y sale el aire por los orificios de tu nariz y mantente atento a lo que pasa, por tu cabeza, a tu alrededor, pero sin perder la atención en tu respiración.

"Meditar es sencillo, lo difícil es querer meditar"

PABLO D'ORS

Si estás totalmente decidido a hacerlo, tienes mucho ganado ya.

Un consejo es que te pongas una alarma por si no quieres dedicar más tiempo del estrictamente necesario según lo que te he contado antes, ya sabes, 8-10 min, pero recuerda que cuanto más tiempo, mayores beneficios obtendrás!!!.

"Casi todo vuelve a funcionar si lo desconectas un momento. INCLUSO TÚ"

ANÓNIMO

MINDFULNESS

El mindfulness te ayuda a sentirte más tranquilo, menos estresado y menos reactivo.

Esta práctica forma parte de una antigua tradición de meditación cuyo objetivo original no tenía que ver con la curación, aunque recientemente se ha empleado como un mitigador para algunas formas modernas de angustia.

El objetivo fundamental consiste en la exploración profunda de nuestro ser.

Existen dos caminos en la meditación muy diferentes:

- El Camino Profundo
- El Camino Amplio

El CAMINO PROFUNDO a su vez consta de 2 formas.

La más pura está representada por el antiguo linaje del budismo Theravada, se practica en el sudeste asiático y entre los yoguis tibetanos.

Y el otro tipo dentro del camino profundo, son un conjunto de tradiciones, separadas del estilo de vida total, del que formaban parte originalmente (por ejemplo los monjes), para adaptarse a formas más aceptables por el mundo occidental, omitiendo aspectos de la fuente original oriental.

Dentro del CAMINO AMPLIO, tenemos las prácticas meditativas separadas de su contexto espiritual, con un mayor alcance y que actualmente se enseña en clínicas y centros médicos repartidos por todo el mundo, además de otros sitios.

Se trata de la meditación transcendental, que se basa en la repetición de Mantras sánscritos clásicos, adaptados al practicante occidental.

Y en segundo lugar dentro del camino amplio, tenemos modalidades aún más amplias accesibles al gran público y muy de moda actualmente, como son el <<mindfulness de escritorio>> o aplicaciones de meditación de unos pocos minutos.

Algunos maestros orientales defienden que cualquier aspecto de la meditación que contribuya a aliviar el sufrimiento humano, no es una propiedad exclusiva de quienes han emprendido un camino espiritual, sino que es patrimonio de la humanidad.

Las razones del sufrimiento según el budismo son:

1.- Querer controlarlo todo.

2.- Desear que las cosas sean como tú quieres y no como son en realidad.

3.- Aferrarse a lo que puede ser.

4.- Desear que el pasado sea diferente.

5.- Querer que otros sean como tú quieres que sean.

6.- No aceptarte como eres en todo momento.

Siendo el resumen o conclusión de todo esto: Vivir en tu mente y perderte el presente.

Por ello te animo a que lo practiques aunque sea por unos pocos minutos, pero de manera constante cada día.

MANTRAS O MEDITACIÓN TRANSCENDENTAL

El término *mantra* proviene de *man-* ('mente' en sánscrito) y el sufijo instrumental o protección *-tra*, podría traducirse literalmente como "Instrumento mental" o "protección mental". Los mantras son palabras, sílabas o sonidos.

Los mantras son palabras que puedes repetirte para reconducir tu atención hacia otro lugar diferente a aquello que de forma automática aparezca en tu mente y que te esté produciendo estados de baja vibración.

Los estados de baja vibración son aquellos en los que te sientes decaído, digamos triste, sin ánimos, sin fuerza para seguir, ese lugar donde poco tiene sentido y no ves un objetivo claro y apetecible que te invite a caminar con entusiasmo o con motivación.

Por el contrario, los momentos de alta vibración, son aquellos en los que te sientes inspirado, aquellos en los que parece que todo fluye, que todo camina sobre ruedas, donde parece que las cosas vienen a ti como por arte de magia, casi sin buscarlos activamente.

La primera aparición de la palabra *mantra* se encuentra en el *Rig-veda* (el texto más antiguo de la India, de mediados del II milenio a. C.)

La teoría dice que no cualquier mantra tiene el efecto mencionado. Según la tradición budista, un *mantra* no tiene efecto completo si su práctica no es autorizada por un maestro (*lama* en <u>tibetano</u>, *gurú* en sánscrito) Uno de los mantras más conocidos es:

Om mani padme hum

En estas religiones un mantra es una frase, palabra o sílaba sagrada que se recita como apoyo de la meditación o para invocar a la divinidad.

Las personas que lo recitan pueden relajarse, concentrarse en algo determinado y también terminar con la dispersión de pensamientos que circulan por su mente.

Digamos que el mantra te ayuda a liberar la mente del flujo constante de pensamientos y recitarlo repetidamente, a conseguir una concentración profunda.

Si los recitas mientras meditas podrás poner tu atención en aquello que quieras sea interno o externo.

Además elimina todos los pensamientos impuros que impidan purificar todo lo que tienes a tu alrededor.

Con cada mantra, podemos decir que invocas a una deidad o un aspecto determinado de la iluminación. Puede que te sorprenda leer lo de la deidad, pero los mantras son empleados por los monjes en sus oraciones o rezos, seguramente hayas escuchado en alguna ocasión algún rezo de los monjes tibetanos, que si no estás acostumbrado a oír, te resultarán prácticamente incomprensibles y te parecerá que solo emiten sonidos sin sentido.

Por ejemplo, el mantra que hemos mencionado más arriba:

"Om mani padme hum" es un mantra para la compasión, que es uno de los aspectos de la iluminación, donde (Om) es la meditación, (ma) es la paciencia, (ni) es la disciplina, (pad) es la sabiduría, (me) es la generosidad y (hum) la dilligencia.

Al igual que este, existen otros, de origen tanto budista como hindú, que además de ser autorizada su recitación por un gurú para obtener su máximo efecto, uno debe recitarlos pensando a la vez su significado.

Además de reconducir nuestros pensamientos negativos hacia los positivos y evitar la aparición constante de estos primeros, al cantar mantras armonizamos los hemisferios cerebrales, debido a la vibración.

¿Nunca has oído a un bebé en la cuna arruyarse él solo y terminar dormido? Cuando emiten esos sonidos, lo que están haciendo es emitir sus propios mantras y esa vibración que se produce al mover las cuerdas vocales les relaja. Creo que es una forma de autoarmonizar o reequilibrar sus canales energéticos.

También hay un video circulando por internet donde se ve como un padre comienza a cantarle a su bebé, que está llorando, el OM, hasta que él bebe de pronto se calma y se queda dormido.

Anímate a probarlo ahora, ponte en una posición cómoda, pero a ser posible que tu espalda esté lo más recta posible y comienza a repetir de forma tranquila OM.

Coge suficiente aire y alarga el OM hasta que hayas vaciado tus pulmones completamente antes de hacer la siguiente inspiración.

Continúa así unas cuantas veces hasta que creas que ya está. Con eso será suficiente.

¿Cómo te has sentido? (Escríbelo brevemente)

———————————————————————————————

¿Te ha relajado?

¿Te ha puesto más nervioso?

¿Te ha hecho reír?

¿Mientras lo hacías tu mente insistía en hablarte para decirte, pero qué estás haciendo?

Al principio que no te relaje o que incluso te altere más puede ser normal, ten en cuenta que estás desconectando de alguna forma tu mente consciente y esta se resiste completamente a perder su identidad.

Tranquilo, es cuestión de práctica y entrenamiento para que cada vez te resulte más fácil y puedas aguantar más tiempo. Cuanto más practiques mejor se te dará y mayores beneficios vas a obtener.

Lo mismo ocurre cuando las madres, abuelas o cuidadoras quieren calmar o dormir a un niño, las nanas con ese tono y ritmo monótono, tienen también ese efecto sedante y relajante.

Algunas personas pueden plantearse cuál es la diferencia entre usar un mantra y el pensamiento recurrente de un paciente obsesivo o con Síndrome de Tourette que no puede dejar de repetir "mierda, mierda, mierda" y la respuesta principalmente es que cuando repetimos un mantra lo hacemos de forma intencionada y consciente, mientras que en el caso de las personas con estos trastornos lo hacen de manera involuntaria e incontrolada.

Los mayores beneficios los obtendremos cuando descubramos qué práctica meditativa nos va mejor y cuanto más la practiquemos.

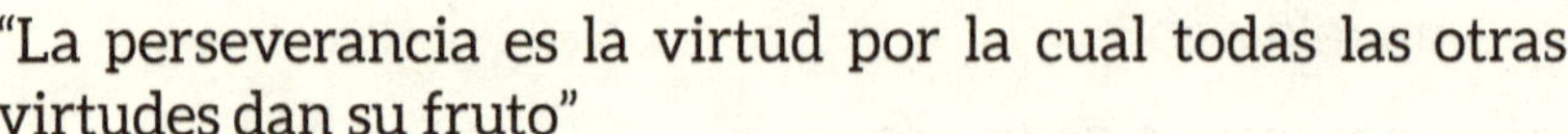

"La perseverancia es la virtud por la cual todas las otras virtudes dan su fruto"

ARTURO GRAF

Las vocales y los cantos armónicos

El canto armónico o difónico, también conocido como canto de la garganta, es una técnica vocal ampliamente extendida en la geografía de las músicas tradicionales, especialmente en el Asia Central.

Esta técnica vocal, forma artística musical, cultural o espiritual, se desarrolló en Mongolia, Sur de Siberia y Asia Central, en Tibet, y en Sudáfrica y fue empleada en menor grado en Cerdeña, la única forma antigua de canto de armónicos europea que todavía se practica y mediante la cual se pueden emitir dos o más sonidos de forma simultánea.

Para llevar a cabo esta técnica debes estar con la espalda erguida para permitir que entre el máximo aire posible y emplear toda tu capacidad pulmonar.

Permite explorar tu propia sonoridad y consigue que alcances una relajación total a la vez que estos ejercicios vocales favorecen una mejor oxigenación de todo tu organismo.

Hazlo con calma porque suele costar llegar a producir toda la sonoridad, pero con paciencia y práctica te sorprenderá.

Aquí te indico las distintas posiciones de la boca y la lengua a medida que vas avanzando hacia cada una de las vocales, algo importante es controlar bien la cantidad de aire, si te encuentras sin capacidad suficiente para terminar el recorrido, no lo fuerces, pues podrías dañar las cuerdas vocales, recuerda que es algo tranquilo y un medio de autoexploración, así que tómalo con calma y sobre todo disfrútalo.

u (lengua hacia atrás y boca entreabierta) → lengua al centro → **i** (lengua al frente y boca cerrada) → **e** → **a** (boca abierta) → **o**

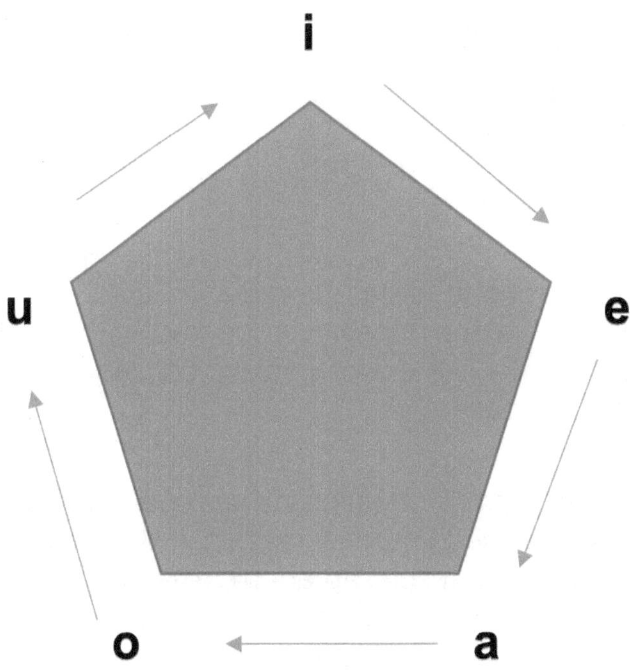

Este método posibilita una relajación profunda, calma la mente y nos permite mantener una alta concentración al centrarnos en la respiración, que en sí es un acto de dar y recibir.

HO'OPONOPONO

EL Ho'oponopono es un arte Hawaiano muy antiguo de resolución de problemas.

Las herramientas fundamentales son:

Decir ((**LO SIENTO**))

Decir ((**PERDÓN**))

Decir ((**GRACIAS**))

Decir ((**TE AMO**))

El Ho'oponopono te invita a la atención durante todas las horas del día, ya que debes estar pendiente todo el tiempo a lo que pasa por tu mente y limpiarlo con las herramientas antes mecionadas.

Básicamente consiste en que cada vez que te des cuenta de que estás teniendo pensamientos negativos, o viviendo una situación que no te resulte agradable y te lleve a tener emociones negativas o a preocuparte, debes simplemente decir:

"Lo siento, perdón, suelta toda esa información que te lleva a vivir o experimentar este tipo de situaciones o emociones y permite que la Divinidad borre todas estas memorias. Gracias, Te amo."

Cuando haces esto, le estás hablando directamente a tu niño interior, el que todos albergamos, pero que hemos olvidado y dejado relegado a un segundo plano. Él se comunica mucho mejor con el inconsciente que nosotros, se puede decir que es el traductor, así que háblale, eso hará que se sienta más querido y a su vez, hará que nos sintamos mejor también.

Quizá de niño te produjeron heridas al no saber cómo actuar ante esas situaciones, no tenías las herramientas de ahora para poder solventar aquella situación. Pero ahora ya sí, úsalas, cuida como adulto de ese niño, dale lo que en su día necesitó y no pudo obtener, abrázalo, cuídalo, permítele hacer a través de ti, lo que realmente le hubiese hecho feliz. Te sorprenderá todo el amor que ese niño te devolverá.

Si no tienes hijos, piensa en algún otro amigo que sí, o en cualquier persona que los tenga y observa, verás que cuando no atendemos a nuestros hijos, estos harán lo posible e imposible por llamar nuestra atención y cuanto más los ignoremos y menos caso les hagamos, más enrabietados e indisciplinados se volverán, llorarán, se tirarán al suelo y cualquier locura mayor que se les ocurra hasta que consigan lo que quieren, es decir, que les prestes atención y se sientan queridos. Pues lo mismo ocurre con nuestro niño interior.

Cuida de tu niño interior

REGRESIÓN

La regresión, como terapia, se emplea para la curación física, emocional y espiritual.

Esta terapia empleada por parasicólogos se hizo especialmente conocida en los años 80-90 cuando el Doctor Brain Weiss psiquiatra formado en la Universidad de Columbia y en Yale Medical School, publicó en 1988 "Muchas vidas, Muchos maestros", en este narra su experiencia profesional con una paciente con la cual aplicó dicha técnica.

Después de un año de psicoterapia convencional sin haber obtenido ningún resultado, el profesor Weiss decidió practicar la hipnosis y Catherine, hablaba de recuerdos y lugares con tal calidad de detalle, que resultaba prácticamente imposible creer que fuese todo inventado, la única explicación que parecía lógica es que había vivido lo que recordaba y había estado en esos lugares. Después de aquella sesión, la paciente comenzó a mejorar y tras varias sesiones más de hipnosis, sus síntomas desaparecieron.

La terapia regresiva se realiza bajo hipnosis, el paciente sigue una visualización guiada.

Weiss pudo comprobar que la terapia regresiva es más rápida que otras técnicas de psicología convencional.

Otra de las contribuciones de Weiss gracias a la regresión es que el término de reencarnación haya sido más aceptado por el público en general.

Esta terapia es aplicada actualmente por psicólogos clínicos y está reconocida por el Sistema de Salud de la Comunidad de Madrid, en España.

RECONEXIÓN

La reconexión es una técnica energética que consiste en unir nuestros canales energéticos, lo que tradicionalmente se conoce como meridianos, con las líneas axiales del Universo.

Las líneas axiales están relacionadas con la teoría de campos o teoría cuántica.

Al reconectarnos, lo que hacemos es permitir a nuestro cuerpo empezar a vibrar a unas frecuencias que nos conducen a nuestra sanación y bienestar, siendo un extraordinario elemento de crecimiento personal.

La Sanación Reconectiva se diferencia de la Reconexión en que va específicamente encaminada como su propio nombre indica, hacia la sanación, tanto física, emocional, mental o espiritual.

La reconexión te permite conectar con la fuente primaria que todo lo mueve en el universo. Todo tu ser y sobre todo a nivel celular se verá beneficiado de un nivel superior de vibración, que te hará mucho más feliz.

Conecta tus meridianos con esta frecuencia primaria, todo este proceso se hace de una manera segura y por expertos en reconexión que han recibido la adecuada formación para poder realizar esta conexión energética con el universo.

"Si enciendes una lámpara para otro, iluminarás tu propio camino."

PROVERBIO BUDISTA

REIKI

El reiki es una terapia energética de las conocidas como de biocampo, procedente de Japón.

Reiki significa energía universal. La Federación Española de Reiki habla de una técnica práctica y eficaz para sanar enfermedades, eliminar el estrés, relajarte y sentirte feliz mediante la canalización de la energía universal.

El reiki es parte de la gama de terapias energéticas, como la acupuntura, el shiatsu, la medicina ayurvédica…

El propósito de esta técnica es liberar la energía bloqueada del cuerpo humano para conseguir el equilibrio físico, mental, emocional y espiritual.

Ha sido reconocida por la propia Organización Mundial de la Salud. Esta técnica milenaria se basa en la **proyección de la energía a través de las manos**, que se colocan en doce posiciones principales del cuerpo donde residen los centros de energía. Son sesiones de unos 45 minutos adaptables al tipo de enfermo en las que el paciente está tumbado en una camilla y el llamado maestro va pasando de una zona a otra.

El principal problema es que no hay ningún estudio científico que demuestre que esta técnica ayuda en el tratamiento de la enfermedad, aunque quienes la practican defienden que mejora el estado de ánimo, la relajación muscular, mejora el sueño y disminuye la ansiedad. No cura, pero favorece la recuperación al desbloquear la energía bloqueada.

METAMÓRFICO

Así como en la naturaleza, la oruga se convierte en mariposa o la semilla en planta, TODOS contamos con el potencial para hacer y llegar a ser mucho más de lo que somos.

A nivel instintivo, todos los animales, incluyendo el hombre, cuentan con el poder de curarse a sí mismos.

La técnica metamórfica está más allá del cuerpo humano ya que este conecta con las energías sutiles que nos ponen en contacto con el tiempo hacia delante y hacia atrás. Por este motivo, el masaje Metamórfico activa los elementos energéticos, reorganizando las partes físicas o psíquicas que están en desequilibrio.

Cuando somos concebidos, la primera célula que se forma ya contiene la conciencia elemental. Esta graba toda la información que recibe desde que se forma hasta que se produce el nacimiento, durante los nueve meses de gestación.

Así que se puede decir que esta técnica ayuda a borrar o reorganizar memorias pasadas que ni podemos recordar conscientemente y que de algún modo están produciendo bloqueos que frenan tu avance.

La **técnica metamórfica** o **masaje metamórfico** es un tipo de masaje suave que se realiza en los pies, manos y cabeza, creado en los años sesenta por el naturópata británico **Robert St. John**. Puede ser realizado por cualquier persona con un entrenamiento breve. Se basa en la doctrina y los métodos de la **reflexoterapia**.

TAI CHI CHI KUNG

El Taichi (Taijiquan) es un ejercicio tradicional chino dentro del chi-kung(Qigong) que se origina en la antigua China.

Normalmente consiste en una serie de distintos movimientos llamados de formas diferentes según las caracacterísticas particulares del Tai Chi practicado, como Tai Chi Chuan, etc...

Tales ejercicios de Tai Chi, comparten la teoría de la medicina china común y ponen énfasis en una combinación de ejercicio físico con enfoque mental, interacción entre posturas y movimientos físicos, mente meditativa, relajación musculoesquelética y técnicas para respirar de manera armoniosa.

El Tai Chi es una especie de Kung Fu a cámara lenta, su práctica regular nos aportará mayor flexibilidad y fuerza y mejora el funcionamiento del sistema cardiovascular.

El énfasis puesto en la corrección de las posturas también lleva a incrementar la conciencia corporal, el sentido del espacio, el equilibrio y la solidez de la posición.

Además tanto el Tai Chi como el chi-kung constituyen una forma de meditación.

Combinados con su tratamiento médico al uso tanto el Tai Chi como el Chi kung pueden ayudar a mejorar los resultados de muchas enfermedades como por ejemplo:

- ansiedad

- artritis

- falta de equilibrio y coordinación

- fatiga

- rigidez articular

- tensión muscular

- mala postura

- problemas digestivos

- tensión arterial alta

- problemas respiratorios

- densidad ósea baja

- insomnio

- Parkinson

- Depresión

En cuanto a los beneficios del Tai Chi y viendo el incremento de su práctica entre la población se han realizado diferentes estudios, entre los que se incluye la valoración de su efecto positivo en cuanto a la disminución de la pérdida de masa ósea en poblaciones especiales, que incluyen adultos de mediana edad y adultos mayores, mujeres perimenopáusicas y posmenopáusicas, personas con osteoartritis, sobrevivientes de cáncer de mama y personas con osteoporosis.

La conclusión, aunque se debe seguir investigando más a fondo, fue que el Tai Chi es eficaz para atenuar la pérdida de masa ósea en algunas de las partes esqueléticas estudiadas.

CONSTELACIONES FAMILIARES

La constelación familiar —Familienaufstellung en alemán, cuya traducción es «posición o colocación en la familia»— es una terapia que postula que las personas son capaces de percibir de forma inconsciente patrones y estructuras en las relaciones familiares y que estos quedan memorizados, sirviendo como esquemas afectivos y cognitivos que afectan a su conducta.

Se apoya en conceptos pseudo-científicos como la resonancia mórfica y el misticismo cuántico, por lo que carece de evidencia objetiva de su eficacia. También toma elementos no reconocidos de la antropología social, la teoría sistémica, psiquiatría y el psicoanálisis.

Toma su nombre de la expresión junguiana, La expresión la acuñó Alfred Adler (1870-1937) y la definió como la influencia entre los miembros de una familia a causa del rol de cada uno de ellos (Corsini, 2002).

En 1953 se encuentran los primeros artículos que utilizan la expresión en el American Journal of Orthopsychiatry, de (Glauber, 1953) y de (Plank, 1953).

En 1961, Walter Toman, de la Universidad de Brandeis (Massachusetts), publicó un libro (Toman, 1961) donde se presenta un análisis, basado en correlaciones estadísticas, de las características de los diferentes hermanos en una fratría, categorizando las personalidades en función del género y de su orden de nacimiento respecto a los otros hermanos.

Todos y cada uno de los miembros de una familia están en relación con todos los demás. Y juntos conforman una totalidad, que es lo que se llama Sistema familiar.

En astronomía se denomina constelación a un conjunto de estrellas agrupadas en una región del firmamento que parecen dar forma a una o varias figuras determinadas.

Al igual que si fueses una estrella dentro de una de estas constelaciones, te sería más sencillo ver y darte cuenta de las relaciones existentes con otras estrellas de esa misma constelación si pudieras alejarte y verlo desde fuera, ya que en la cercanía, solo puedes ver tu relación con las próximas, pero no con las más alejadas quizá años luz, como pasa con los antepasados muchas generaciones anteriores a nosotros, aunque forman también parte del mismo clan que tú.

Esto se hace con el fin de poder detectar interacciones y relaciones con hechos que ocurren en tu vida y que no sabes explicar por qué y mucho menos aún el cómo solucionarlas. De este modo puede resultar más fácil poder modificarlas.

Bert Hellinger conoció el trabajo de Thea Schönfelder, una psiquiatra alemana que ayudaba a sus pacientes y a sus familias a reconocer los efectos de las dinámicas familiares perjudiciales y a tratar de corregirlas, lo tomó como base y lo adaptó a su manera.

En 1993 Bert Hellinger, junto con Gunthard Webber y Hunter Beaumont, publicó "Zweierlei Glück. Konzept und Praxis der systemischen Psychotherapie" (Fortuna caprichosa. Concepto y práctica de la psicoterapia sistémica), editado también en inglés (Hellinger et al., 1998). En este libro anotó sus observaciones empíricas sobre las constelaciones con el objetivo de divulgar el método.

Él afirma que durante la década de 1980 conoció leyes que explican las consecuencias trágicas para los integrantes de una familia. Su teoría de las constelaciones familiares estaba dirigida a la solución y reversión de esas consecuencias.

En su libro Love's own thruths (Hellinger, 2001), Hellinger comenta que su primer encuentro con las «constelaciones familiares» fue en Estados Unidos, cuando en los años 70 asistió a un taller dado por Ruth McClendon y Les Kadis.

En una sesión de constelación familiar participan dos personas, el constelador y el constelado. Los demás miembros de la familia del constelado son representados, bien por muñecos, si la sesión es individual, bien por otras personas que actúan como representantes, si es grupal. En este caso no es necesario un contacto previo entre estas personas; pueden participar también observadores, que se denominan así y no participan activamente.

Durante la sesión, el constelador actúa primero como observador externo y más adelante como participante directo, ocupando un lugar en la representación.

El constelado es el familiar que aún permanece vivo y por tanto está buscando en su presente los soluciones de su ancestro fallecido intentando resolver asuntos que él no pudo en su momento, por el motivo que fuese, un ejemplo sencillo es el de una mujer, imagina a una tataratataratatarabuela que por creencias de su época, no pudo estudiar porque en su época solo se les permitía a las mujeres llevar a cabo tareas relacionadas con el hogar o el cuidado de los hijos.

Casi todos tenemos seguramente algún familiar así, pero también familiares que vivieron esas creencias felices, la cuestión es que puede que ese impulso por hacer, frustrado o el sentir vergüenza o ver coartada su libertad y resignarse, haga que tú en tu presente cojas el testigo de tu ancestra y actúes de una manera totalmente reivindicativa, cuando tu presente real no lo necesita para nada.

A un nivel inconsciente le es fiel a ese ancestro y quiere conseguir lo que él en su día no pudo, para así liberarlo.

Pues bien, con esta terapia se busca dar al constelado que sufre sin entender bien porqué hace o qué hace (tratar a los hombres o mujeres como enemigos, reivindicar determinada forma de actuar, etc…) la visión o mirada sistémica de ese "enredo o intrincación", como se le llama a estas situaciones, para que pueda dar el paso que falta y ver su realidad tal cómo es, dejando así de superponer una realidad ya inexistente que pertenece a alguien del pasado y no a su ahora.

Recuerda como te contaba en los esquemas representados en páginas anteriores, que esto tampoco es tu responsabilidad.

Por eso digamos que las Constelaciones Familiares se encargan de colocar a cada estrella en su lugar, en el momento presente.

"Elige ser feliz y liberar a tus ancestros"

Escribe aquí mismo tu nombre y tus dos apellidos si los tienes o si eres de otro país en el que solo se emplea uno, usa ese y repite para ti si estás con más gente y sino, mejor en voz alta:

Yo <u>(escribe tu nombre completo)</u>, soy responsable y únicamente responsable de mi vida aquí y ahora.

Termina agradeciendo a todos tus familiares, toda la información que te han aportado para poder llegar a este momento de consciencia y sanación.

Aunque te parezca algo absurdo, simplemente hazlo y confía, no solo te beneficiarás tú de esta fácil práctica, sino que repercutirá muy positivamente en las demás generaciones venideras y liberarás al fín, a las pasadas.

Ahora toma tu puerta, la que dice felicidad y pasa por ella...

"Al salir por la puerta hacia mi libertad supe que, si no dejaba atrás toda ira, el odio y el resentimiento seguiría siendo un prisionero."

NELSON MANDELA

CUENCOS TIBETANOS

Desde hace siglos, los lamas del Tíbet utilizaban unos cuencos metálicos especiales para inducir estados mentales de profundo bienestar, relajación y meditación, así como para tratar determinadas dolencias del cuerpo y de la mente.

Estos instrumentos estaban fabricados artesanalmente, los cuencos tibetanos, también llamados cantores, se fraguan casi siempre a partir de la aleación de 7 metales, cada uno de los cuales simboliza un planeta:

- oro sol

- plata luna

- mercurio Mercurio

- hierro Marte

- plomo Saturno

- estaño Júpiter

- cobre Venus

En un estudio realizado por la Universidad de California en 2017, se midieron distintos parámetros antes y después del concierto y se concluyó que la terapia de sonido con los cuencos tibetanos produjo una reducción de la tensión arterial, la ira, la confusión, la fatiga y la ansiedad.

> **Confía en tus vibraciones, la energía no miente**
>
> Paulo Coelho

BAÑOS DE GONG

El sonido se ha utilizado desde épocas muy antiguas no solo como un medio de diversión, sino como una herramienta para la sanación.

Se utilizaba en ritos funerarios y era empleado como herramienta para alcanzar altos estados de meditación y conciencia. A nivel energético sirve para sanar el sistema nervioso y desarrollar el ser interno.

En esta técnica, el sonido principal es el del Gong. Uno de los divulgadores de este instrumetno en España es Vikrampal Singh, profesor de Kundalini Yoga y experto en terapias y baños de Gong, la mayor parte de la información de este capítulo, me fue proporcionada muy amablemente por él, en una entrevista que le hice para poder saber más sobre esta terapia tan especial y potente de sonido.

Tradicionalmente, muchos tratamientos manipulaban el cuerpo humano directamente para lograr el alivio físico mental y emocional, pero en este tipo de baños no hay contacto ni agua, sino simplemente una escucha profunda de las ondas de sonido que emite el instrumento, que masajean y calman cada célula del cuerpo con vibración y sonidos puros.

Vikrampal explica que todos tenemos una mente racional que busca una explicación para todo y una mente espiritual que está guiada por la intuición, que no es lógica, que sigue la voz interna y que es una mente que siempre está en búsqueda, que pretende vivir la vida. Mientras que la mente racional es una mente más lógica, que necesita una explicación para todo y que normalmente te invita a ver pasar la vida.

Ninguna es mejor o peor desde el puno de vista yóguico, sino, simplemente debes saber en cual estás, eso es lo verdaderamente importante.

Desde la mente racional, la cual necesita para todo una explicación científica, el Gong es un instrumento que te permite entrar en estados de profunda relajación y en estos estados de profunda relajación, el estrés mental y emocional se liberan por la simple razón de que entras en un estado mental de ondas Alpha o Delta, incluso puedes llegar a ondas Theta.

Esto son estados de sueño profundo, de relajación y de recuperación o de regeneración celular, es decir, cuando nosotros dormimos la inteligencia interna (El Sistema Nervioso Autónomo), que es la que se ocupa de que los pulmones actúen para respirar, de que el corazón lata, etc … nosotros no tenemos que pensar en eso, sino que existe esta inteligencia que se ocupa de ello, y mientras dormimos el cuerpo comienza un proceso de regeneración.

Así durante el Gong, el cerebro alcanza un estado de ondas mentales, cuando estamos despiertos estamos en

Beta, cuando cerramos los ojos podemos alcanzar un estado Alpha y luego con la capacidad del Gong para crear sonidos binaurales, de los que te hablaré un poco más adelante, va a ir reduciendo la frecuencia de las ondas cerebrales para que puedas llegar a estados de relajación profunda donde se produce la recuperación del cansancio, del estrés y del dolor emocional y eso es algo que se puede comprobar científicamente a través de medir las ondas mediante un EEG.

La explicación de cómo funciona esta terapia podemos entenderla, sí comprendemos que todo lo que tenemos a nuestro alrededor está vibrando a una determinada frecuencia, audible e inaudible.

Estas frecuencias pueden afectarnos a nivel celular y ello puede hacernos sentir de una manera u otra.

Mediante la vibración y la frecuencia del gong podemos ayudar a reducir el estrés, alterar la conciencia y crear una profunda sensación de paz y bienestar para mejorar la salud.

Los beneficios que podemos obtener de estos baños según Vikrampal, son debidos a que al estimular la actividad celular del sistema nervioso, se consigue permeabilizar las membranas celulares dejando paso a la circulación de las energías y los beneficios que se pueden lograr son:

- Relajación profunda, donde se producen procesos de regeneración celular.

- Mente despejada, liberándola de preocupaciones.

- Reducción y liberación inmediata del estrés y la ansiedad.

- Liberación de las tensiones del cuerpo físico.

- Estimulación del sistema glandular y mejora de su función.

- Estimulación de la circulación.

- Liberación y equilibrio de la energía emocional.

- Regeneración de las neuronas y sus interconexiones.

- Regeneración del sistema nervioso.

- Apertura y alineación de los chakras.

- Fortalecimiento del sistema nervioso parasimpático.

- Calma y recuperación de la energía.

Según Yogi Bhajan:

"El primer y último instrumento para la mente humana, solo hay una cosa que puede reemplazar y dirigir la mente humana como el sonido del gong, es el primer sonido del universo, el sonido que creó el universo, el sonido creativo primordial. Para la mente, el sonido del gong es padre y madre dando concepción. La mente no tiene poder para resistir uno que es bien tocado"

Cuando nosotros escuchamos tenemos un rango de escucha que va desde 20Hz a 20000Hz, entonces por debajo de esto no podemos oír sonidos, lo que se llama infrasonidos.

El cerebro cuando se está despierto, está actuando más o menos a 14 Hz, lo que quiere decir que si yo emito un sonido por debajo de 20HZ, este no lo va a percibir.

Para influir en este y hacer que pase de un estado de alerta Beta a un estado de relajación Alpha con 10Hz, utilizamos los sonidos binaurales.

Los sonidos binaurales: son los que se dan al crear dos tonos, de los cuales uno se envía al oído derecho y otro al izquierdo con una diferencia entre ellos de menos de 40Hz. Por ejemplo:

Si mandamos al oído derecho un tono de 110 Hz y al izquierdo uno de 100HZ, el cerebro va a entrar en un pequeño conflicto porque recibe estos dos estímulos muy muy parecidos y entonces, para resolver esto, va a crear lo que llaman tono fantasma de 10 Hz, automáticamente estamos modificando la frecuencia cerebral de 14 Hz a 10Hz y desde ahí se puede ir bajando a estados de 6Hz, 4 Hz, etc y entrar en estos estados de relajación profunda.

Por otro lado está el mundo mágico, la explicación para la mente espiritual y es que el Gong te lleva de viaje a otras dimensiones, tiene la capacidad de llevarte a un estado de meditación profunda en menos de 90segundos.

Cuando estás en un estado de meditación profunda accedes a ponerte en contacto con tu conciencia, con tu esencia y aquí puedes tener procesos de visión donde puedes percibir mucha información tanto visual, como auditiva.

Lo que va a hacer este instrumento, que en Kundalini Yoga, dicen que es un Gurú que te trae la verdad, el gong lo sabe todo sobre tí y lo que va a hacer sobre tu mente espiritual, es un proceso de alquimia.

Va a cogerte, va a separar tus procesos mentales, va a quitar aquellos que no te hacen falta y te están limitando o bloqueando y una vez eliminados va a volver a juntar todo aquello que ha quedado para volver a hacer algo nuevo.

Y este proceso alquímico es una profunda transformación en una sola sesión.

¿Quién soy? ¿Qué hago aquí? ¿Para qué he venido?

Estas tres preguntas son las que debes hacerte y para la mente espiritual, las respuestas llegan a través de la meditación o a través de estos baños.

Cuando finaliza el baño de Gong, Vinkrampal cita algunas frases de Yogui Bhajan tales como:

"Ríe porque ese es el propósito de tu vida.
Ama porque a eso viniste aquí.
Brilla porque eso es importante.
Comparte porque eso es lo que se pide de ti."

DANZA

Creo que a veces en lo que parece más común, podemos encontrar esos estados que necesitamos mantener y deberíamos conservar de manera más constante o al menos frecuentar más a menudo.

A veces lo logras con una meditación, en ocasiones simplemente sentado frente al mar observando un atardecer consigues un momento de calma y paz que te reconforta y ayuda a recargar pilas. Pues lo mismo puedes conseguir con la danza.

Al bailar movilizas todos los músculos de tu cuerpo y lo oxigenas, además tu mente se evade siguiendo el ritmo de la música o en ocasiones si no eres muy rítmico, intentándolo y centrándote en coordinar el compás del sonido, con el movimiento de tu cuerpo y tu respiración.

Cuando logras la unión de todo esto, tu vibración se une a la canción y sois uno, logrando hacer desaparecer la mente.

Como ya te he contado anteriormente, para alcanzar un estado de mayor bienestar debemos buscar formas, métodos o técnicas para acallar la mente, así que a través del baile se puede decir que es una forma de meditación. ¿Lo habías pensado alguna vez?

Si quieres podemos llamarlo baile o danza, existen miles de tipos y formas, desde las más antiguas como las danzas ancestrales practicadas aun hasta nuestros días por tribus de todo el mundo mediante las cuales conseguían incluso entrar en un estado de trance, pasando por el valet clásico, la danza del vientre o ritmos más actuales.

¿Cuál te gusta más practicar? ¿Te gusta bailar? Si no es así, tranquilo, por suerte existen muchísimas formas para conectarte con tu esencia, pero esta práctica puede resultar muy divertida, para lograr desconectar en algunos momentos.

¿Sabes los beneficios que te puede aportar el baile a nivel general? Pues bien, te diré algunos de ellos:

El baile mantiene nuestras articulaciones bien lubricadas, le da flexibilidad a nuestra columna vertebral y además mantiene firmes los músculos.

Puede ayudar a controlar nuestros niveles de glucosa en sangre.

Mejora nuestra coordinación y equilibrio y aumenta nuestros reflejos.

Un artículo publicado en la revista Public Health en 2016, en el que el objetivo era determinar si los adultos mayores que participan regularmente en bailes tienen una calidad de vida superior en comparación con las personas mayores que no suelen practicarlo y observaron que los bailarines tenían un equilibrio, una capacidad funcional y una calidad de vida significativamente mejores.

Se siguen realizando revisiones para evaluar los beneficios en personas con fibromialgia, Parkinson o Alzheimer, ya que se producen mejorías no solo a nivel físico, sino también psicosocial.

Incluso hay estudios realizados con bailes o ceremonias ancestrales del Sur y Centro de África en las que los participantes notaron beneficios, como mayor tolerancia al ejercicio, reducción del estrés, sentimientos de apoyo grupal y experiencias espirituales beneficiosas.

Al igual que la meditación, se dice que ciertas danzas parecen involucrar un "modo integrador de conciencia", mediante el cual se pueden integrar aspectos inconscientes y contradictorios del yo para hacer una persona más funcional y equilibrada.

Los sufíes utilizan el baile para su meditación. El sufismo es otro camino espiritual, concretamente la dimensión mística e iniciática del islam, pero digamos que se refiere a la parte esencial del islam que trasciende las formas religiosas. Digamos que el sufismo es lo más opuesto a cualquier forma de rigidez, fanatismo o imposición.

Cuando bailas así, llega un momento que te empiezas a sentir sobrenatural, mediante movimientos rítmicos del cuerpo, pronto comienzas a sentir que eres diferente de este. Al principio inicias el movimiento conscientemente, pero al final se vuelve involuntario tomando el propio cuerpo el mando. Cuando esto ocurre se trata de una danza derviche. Si por el contrario al final del baile sigues manteniendo todo el control, simplemente será un baile normal.

CANTO

El canto como terapia tiene sus orígenes en los pueblos indios de América, los cuales lo usaban al igual que la danza y la música como forma de vida y de curación. Más tarde fue sistematizada por Alberto Kuselman psicólogo, músico y compositor, y el cual decía que:

"El canto es un remedio casero que desde siempre usan las madres o abuelas para calmar a los niños cuando lloran"

Desde su experiencia como psicólogo, en 1982 decidió incorporarlas a las sesiones grupales o psicoterapia y actualmente es empleada por profesores de yoga y terapeutas corporales.

Mediante esta herramienta podemos limpiar la mente deteniendo el diálogo interior y conectándonos a su vez con el presente.

Armoniza las emociones al abrir el corazón y limpiar sentimientos dolorosos y miedos, despertando la alegría, la aceptación y el amor hacia nosotros mismos y hacia los demás.

Al relajarnos con el canto, conseguimos energizar nuestro cuerpo físico y soltar tensiones que pueden estar bloqueando determinadas zonas de nuestro cuerpo y además genera endorfinas qué son las sustancias naturales que produce nuestro organismo y que se encargan de aportarnos calma, paz y alegría y de esta forma elevamos las defensas y también el límite del umbral al dolor.

Además nos ayuda a desarrollar nuestro potencial creativo y expandirlo. Esto a su vez nos ayuda a mantenernos alerta para aprovechar las oportunidades y despertar la fuerza interior, la perseverancia y la flexibilidad necesaria para lograr el éxito en todo aquello que queramos emprender.

Cuando cantamos, nuestro cuerpo, nuestra mente, nuestro corazón y nuestro espíritu se armonizan y se alinean con nuestro ser.

También aumenta nuestra sensación de unidad.

Al controlar nuestra respiración para cantar, eliminamos el aire residual que queda en la base de los pulmones y de esta forma logramos desintoxicarnos por lo que generamos un estado de hiperventilacion que oxigena el cerebro y todos nuestros órganos consiguiendo un estado general de relajación y vitalidad.

Mediante diferentes estudios se ha visto que el canto reduce los pensamientos relacionados con sentimientos de angustia, temor y tristeza, cambiando así el estado de ánimo a uno más positivo.

Esta técnica también ha sido empleada para tratar a los niños con problemas de locución y tartamudeo.

¿Cómo se te da cantar en la ducha? ¿Lo practicas habitualmente?

En España decimos que *"quien canta, su mal espanta"*

El canto es otra forma de mantener tu atención alejada de la mente, no sé si alguna vez has sido consciente de esto, pero te propongo un ejercicio para que compruebes si es cierto o no.

Se trata de que elijas una canción o simplemente el sonido del estribillo y lo cantes o ni si quiera eso, prueba solamente a tararear.

¡Hazlo ahora!

¿Ya lo has hecho? Bien, sino te has atrevido por el motivo que sea, por favor me gustaría que lo hicieses en otro momento en el que te sientas más cómodo, porque quiero que mientras cantas o tarareas me digas si eres capaz de pensar a la vez.

Una vez más, vuelve a cantar y observa esto que te digo.

ESCRITURA

Ya sabes que todo lo que planeas, si no le das forma se queda en una simple fantasía, por eso debes escribirlo para materializarlo de algún modo y tu mente pueda verlo en alguno de los idiomas que entiende, como lo es la escritura.

Es como una forma de decirle a tu mente que vas en serio, piensa por ejemplo cuando haces la lista de la compra, seguro que te ha pasado que tenías que comprar tres cosas y se te ha olvidado alguna, sin embargo cuando te haces una lista de la compra por escrito, eso no suele ocurrir y estarás pensando quizá que es evidente, porque puedes ir leyendo la lista, sin embargo, también te habrá pasado que después de escribir la lista, no te ha hecho falta ni mirarla para recordar todo lo que necesitabas comprar.

¿Me equivoco?

Pero ahora hablemos de otras ventajas de la escritura como técnica meditativa, empleándola como medio para la introspección.

Basándonos en un modelo que proviene de la psicología de la Gestalt, basada principalmente en hacernos conscientes del inconsciente y de esta forma darnos cuenta de las cosas que hacemos y pensamos para así afrontar mejor nuestro día a día.

La Grestalt es una terapia humanista que cuenta con influencias como el psicoanálisis, de la filosofía oriental, del psicodrama, de la filosofía existencial de las perspectivas existenciales, etc...

Debido al modelo de sociedad en el que vivimos hoy en día, tenemos poco tiempo para pensar y dejamos pasar sin atender, pequeñas tensiones que se van acumulando al cabo del día. Gracias a la escritura podemos conseguir:

En primer lugar descubrir esos conflictos internos que no hemos atendido y a su vez analizarlos para valorar cómo hemos actuado e incluso escribir las elecciones que nos hubiese gustado tomar.

Esto va a dejarte ver y así analizar, si lo que piensas, sientes y haces, están en armonía y siguen una misma dirección.

También te permite desahogarte y explorar tu mundo interior desde otra perspectiva, por eso a veces para que te resulte más fácil escribir puedes hacerlo en tercera persona, y una vez lo has escrito revisarlo como si se tratase de otra persona, puedes buscar soluciones con mayor facilidad y mi consejo es que las dejes también por escrito.

A veces los conflictos pueden venir no por lo que has hecho, sino por lo que no te has atrevido a hacer como por ejemplo decirle algo a alguien. Pues mediante la escritura también puedes redactar qué te gustaría decirle a esa persona y cómo crees que sería la mejor forma de hacerlo.

Para emplear la escritura como una herramienta terapéutica, no es necesario alcanzar la perfección gramatical, ni que seas un poeta, sea cual sea tu nivel de escritura, te va a ser igual de útil y te va ayudar a ordenar tus pensamientos.

Adrian Montesano profesor de Psicología y Ciencias de la Educación de la UOC, explica que varios estudios apuntan que la mayoría de las personas obtienen mejoras significativas en su salud tanto en el plano psicológico como el fisiológico, a los dos o tres meses de seguir este proceso terapéutico.

Además de para resolver las tensiones vitales diarias, la Escritura nos puede servir para integrar experiencias más traumáticas, como la pérdida de un ser querido, una separación conflictiva, un accidente traumático, etc.

Algunos estudios demuestran que esta forma de escritura expresiva Ayuda a disminuir la ansiedad y consecuentemente mejora nuestro estado inmunológico.

Escribir un diario, algo que se hacía habitualmente antes, parece ser que ya no está de moda y realmente estamos perdiendo una herramienta excelente.

Simplemente con dedicar 20-30 minutos durante 4 días nos puede hacer ver con mucha más claridad una situación que nos esté produciendo inquietud o ansiedad, lo ideal es que lo hagas antes de acostarte, Cuando ya puedas hacer el balance de todo tu día.

¿A qué esperas para comprarte un diario?

No es necesario que te compres uno carísimo, pero cómprate uno que te guste y anime a escribir si no lo has hecho nunca.

PINTURA

La pintura ha sido una forma de expresión desde tiempos remotos que además de para expresar lo bello y desarrollar parte de nuestra creatividad, constituye una de las terapias alternativas para mejorar emocional y cognitivamente.

Albert Einstein definía tanto la pintura como cualquier otro arte así:

"El arte es la expresión de los más profundos sentimientos por el camino más sencillo."

Existe una historia relacionada con la pintura que cuenta:

Una maestra de primaria estaba dando clases de dibujo y al fondo del aula se sentaba una niña que no solía prestar atención, salvo en las clases de dibujo. Durante veinte minutos la niña dibujó, absorta en sus pensamientos y la profesora le preguntó qué estaba dibujando.

La niña contestó:

—"Estoy dibujando a Dios".

La maestra dijo:

—"Pero nadie sabe qué aspecto tiene Dios"

Y la niña respondió:

—"Lo sabrán enseguida".

"El Elemento" Robinson, K. & Aronica, L. (2014)

Con esta historia, vemos como la pintura, así como cualquier otro arte, puede ser un medio más de comunicación y conexión con el mundo.

Ayuda a liberar la subjetividad de la persona y puede emplearse para ayudar a resolver conflictos de expresión y comunicación que no son capaces por otras vías.

Algunos de los beneficios de la pintura son:

1- Mejorar la comunicación

   Para muchas personas tímidas y retraídas es un excelente medio a través del cual poder expresar libremente sus emociones.

2- Aumenta la autoestima

   Al tratarse de una actividad alejada de la competitividad y poder desarrollarse en un ambiente relajado, se puede mejorar la propia autonomía y aprender a valorarse más.

3- Crea nuevas conexiones neuronales mejorando la motricidad

   El manejo del pincel ayuda a desarrollar la motricidad fina.

4- Equilibra y emplea ambos hemisferios cerebrales

   Cuando se pinta se emplea tanto el hemisferio derecho que es el de la creatividad, como el izquierdo que corresponde al de la lógica.

5- Incrementa la capacidad de concentración

   Al tratarse de una tarea minuciosa, permites evadirte de tu entorno, de la lógica, de la preocupación y te dejas fluir, pudiendo llegar a alcanzar un estado alpha, que como ya sabes por lo comentado en páginas anteriores, se trata de un estado como el que se consigue en la meditación.

6- Armoniza el corazón y la mente

Gracias a la relajación que se consigue cuando pintas, logras sentir paz, amor, empatía y felicidad.

No es necesario que seas un Velázquez o un Picasso, simplemente permítete probar y experimentar, puedes practicar a través del dibujo o utilizar dibujos ya creados a los que solamente les falta ser coloreados.

SI te atrae la pintura, adelante! YA sabes cuantos beneficios te puede aportar y quizá estuviese dentro de tu lista de deseos.

Si es así no dudes en practicarlo y conviértete en un pintor de ilusiones.

MÚSICA

Desde tiempos remotos la música se ha empleado como ya he mencionado anteriormente como medio o instrumento para múltiples funciones en la vida cotidiana de las personas, desde el arrullo para calmar y/o dormir a un bebé, establecer o mantener la unión en grupo, hasta para enamorar a una persona.

Existen investigaciones que corroboran que lo que ocurre es que se elevan los niveles de oxitocina, una hormona que a nivel emocional y conductual produce un estado de mayor confianza, bienestar, amistad y relación entre todos los que conforman el grupo.

El mejor instrumento musical para mí, es el ser humano, oir a todos los integrantes de un coro cantando al unísono armoniosamente, es realmente un espectáculo mágico e inigualable de sonoridad y vibración absolutamente magnético.

Lo que denominamos música, no deja de ser un conjunto de vibraciones dentro de un rango vibracional que llega al cerebro a través de dos vías principalmente, el sistema auditivo que lo que hace es transformar toda la acústica que recibe en impulsos nerviosos que, a través del nervio auditivo y del tálamo, se redirigen a distintas partes del cerebro para ser interpretadas.

Tras esto se produce una respuesta bioquímica interpretada por cada uno, en función a sus características individuales. Esto quiere decir que, según la psicología y gustos de cada uno, cada tipo de música es interpretado de manera diferente y lo que para unos puede ser relajante y agradable como la música clásica, para toros puede resultar tremendamente aburrido.

¿Sabes cuál es tu música? (Descríbela)

Uno de los momentos más tristes y dolorosos de mi vida, fue cuando mi padre dejó este plano. Recuerdo salir de madrugada de mi casa y de camino al hospital, apagué la radio, no quería que ninguna canción sonase en ese momento, porque sabía que después, cada vez que la volviese a oir me llevaría de nuevo a vivir ese instante.

Utiliza algunas canciones como anclaje para que te lleven a estados de alta vibración cuando te sientas decaído.

Para ello debes ser consciente, hasta ahora quizá no lo habías pensado, aunque estoy segura de que eso ya te ha pasado, y que hay canciones que cuando suenan te traen recuerdos geniales y otras que quisieras no volver a oír.

Pues bien, vamos a hacer ahora un pequeño ejercicio, pero de gran utilidad y que te aportará excelentes resultados. Escribe primero y después te cuento para qué sirve y por favor, no sigas leyendo antes de hacer la lista que te digo de canciones.

-

-

-

-

-

-

-

-

-

¿Qué sientes con cada una de ellas? Cada vez que necesites elevar tú ánimo escúchalas, pero aquellas que te traigan verdaderos sentimientos de alegría y felicidad, esto te ayudará a volver a un estado adecuado para seguir trabajando y conseguir tu objetivo con mayor y mejor energía.

Cuando Albert Einstein conoció a Charles Chaplin le dijo:
lo que más admiro de su arte es que usted no dice una
palabra y sin embargo todo el mundo lo entiende.

Chaplin, le respondió: cierto, pero su gloria es aún mayor;
el mundo entero lo admira cuando nadie entiende una
palabra de lo que dice.

6.

EL LUGAR SAGRADO

"El silencio, el lugar sagrado y único en el que la verdad se susurra desnuda para los oídos dispuestos a escuchar."

Maricruz

Este hermoso lugar que muchos temen, es precisamente en el que puedes encontrar todas las respuestas a tus plegarias y a tus dudas.

El temor surge de la posibilidad que existe de oír todo aquello que no quieres, pero que en el fondo, ya conoces.

Sin embargo tengo una buena noticia y es que justamente después, a un solo paso, a un solo segundo tras esa voz que se abre paso cuando te sumerges en el silencio absoluto, se encuentra tu mayor bendición, tu mayor regalo, tu mayor tesoro, pues tras haber aguantado todo lo que era inevitable que en algún momento llegase a tu conocimiento, obtendrás también, la respuesta para solucionarlo.

Tras esta puerta a la que temes acercarte ya que la sientes y ves como un portal totalmente en llamas, y que a medida que te aproximas, vas sintiendo cada vez más cerca el infierno, el calor abrasador en tu cara, en tus manos y en tu cuerpo, en ese umbral en el que tus pulmones comienzan a congestionarse y comienzas a sentir la falta de oxígeno en un aire que se torna a cada paso más asfixiante, tras un paso más allá de esa temida puerta, encontrarás la LIBERTAD.

Tras ese último esfuerzo que parece y resulta agonizante, volverás a respirar apaciblemente, sintiéndote ligero y en calma.

A medida que te permitas visitar este lugar, irás descubriendo un fantástico paraíso, un verdadero oasis en el que poder descansar y reponer energías, conseguirás nutrirte de esta fuente de paz y tranquilidad inagotable.

Este espacio que continúa por el sendero silencioso, permite conectarte con tu esencia más profunda, con Tu Verdadero Ser, más allá de tu propio cuerpo y de tu mente.

Cuando te concilies con él, descubrirás que lo que en un principio resultaba incómodo, pensabas que no servía para nada, quizá parecía incluso una pérdida de tiempo, te llamará cada vez con más asiduidad, invitándote a reencontrarte con él y a su vez contigo mismo.

"El silencio te permite reencontrarte con tu <<yo soy>>"

Te permite reencontrarte con tu yo más puro, con tu esencia, con tu verdadero SER.

No lo leas, no lo entiendas… simplemente sumérgete en él, practícalo, experiméntalo, saca tus propias conclusiones y sin duda, hazlo en silencio.

Deja los juicios, las condenas, en cada nuevo contacto que te permitas con el silencio, siempre estarás en un momento superior y lo que conoces ahora no es para que castigues a tu yo del pasado, sino para que agradezcas por lo aprendido para verlo desde esta nueva posición, te sirva para el ahora presente en el que estás y lo hagas diferente, si vuelve a presentarse la misma situación.

"Agua que no has de beber, déjala correr"

No te estanques, ya que el agua parada se pudre y huele mal. No te pares en los charcos del pasado que transites en tu silencio, simplemente, observa, aprende y déjalos ir.

Sigue caminando hasta que alcances las orillas del río de agua limpia y viva, que te conduzcan hasta la fuente primordial, esa de donde todo nace y se renueva constantemente.

Vive plenamente tu presente, sea cual sea ese presente, como lo es ahora esta lectura. Experiméntala con todos tus sentidos.

La mejor meditación no necesita de mucho más, simplemente SILENCIO, y es independiente de cómo te encuentres anímicamente, cualquier momento y estado es ideal, triste, alegre, cansado, animado, es independiente.

No se trata de soñar despierto, sino de despertar del sueño.

Cuando estés en silencio observa tus pensamientos, déjalos pasar y entonces te encontrarás contigo, porque tú eres lo que queda cuando te alejas de los pensamientos, cuando apartas los ojos de ellos y los puedes dirigir entonces hacia ti, hacia tu auténtico <<**YO SOY**>>.

Como ya he comentado en el apartado anterior, sobre la meditación y al contrario de lo que se suele creer acerca de ella en cuanto a que pueda ser un medio de evasión, en este lugar sagrado como yo lo llamo al silencio, al permanecer en silencio y consciente, lo que realmente consigues es aumentar tu concentración.

Sencillamente entrégate a este espacio y deja que el silencio te hable.

Se trata de hacer, no haciendo.

EL LUGAR SAGRADO = EL SILENCIO

Te propongo que lo hagas ahora. Siéntate con la espalda recta, pero cómodo, lo más relajado posible, haz varias respiraciones tranquilas y mantente en silencio el tiempo que consideres.

Si quieres ir viendo el progreso o aumentando este tiempo contigo, puedes ponerte una alarma, para que no te excedas demasiado y la calma conseguida se convierta después en estrés porque no llegas a la cita que tenías prevista o cualquier otra actividad que fueses a realizar.

Puedes también tumbarte, pero es mejor que lo realices sentado, ya que no se trata de que te duermas, sino de que habites este lugar conscientemente.

«El deseo de luz produce luz, y hay verdadero deseo cuando hay esfuerzo y atención. Es realmente la luz lo que se desea cuando cualquier otro móvil está ausente. Aunque los esfuerzos de atención fuesen durante años aparentemente estériles, un día, una luz exactamente proporcional a esos esfuerzos inundará nuestra alma. Cada esfuerzo añade un poco más de oro a un tesoro que ya nada en el mundo nos puede sustraer».

Simone Weil.

7.

EL AGRADECIMIENTO

"Si te toca a ti ser la persona que siempre ayuda a los demás y no al revés, siéntete afortunado y da gracias, porque estás en el lugar del que tiene y no, en el del que necesita"

El agradecimiento es una de las herramientas más poderosas para lograr todo lo que deseas, digamos que es la confirmación que das para que sepan lo que quieres recibir y se determine que es lo que esperas que llegue a tu vida. El universo te manda señales, pero tú debes enviarle las tuyas en respuesta, sino, dejará de comunicarse contigo.

La autoestima se verá también beneficiada de este ejercicio tremendamente sencillo, pero realmente beneficioso. Cuando agradeces liberas miedos y aceptas amor.

Lo más probable es que muchas veces estés ocupad@ dudando de ti mism@, con una autoestima por los suelos, mientras muchas personas se sienten intimidadas por tu potencial.

Incluso puede resultar paradójico, porque esas mismas personas son las que te hacen intencionadamente o no, pensar a veces que no eres lo suficientemente valioso, tu comportamiento o habilidad es atacado porque les incomoda tener que salir de su zona de confort para poder lograr aquello que desean y que ven en ti representado.

"Al que quiera pleitear contigo para quitarte la túnica, déjale también el manto; y a quien te fuerce a caminar una milla, acompáñalo dos"

(Mt 5, 40-41)

Voy a contarte ahora una historia, antes de continuar:

Había una vez un pájaro que vivía en el desierto, muy enfermo, sin plumas, nada para comer, beber y sin refugio para vivir; maldiciendo su vida, día y noche.

Un día, un ángel estaba cruzando ese desierto y el pájaro detuvo al ángel y le preguntó:

—¿A dónde vas?

El ángel respondió:

-Voy a encontrarme con Dios.

Entonces, el pájaro le pidió al ángel que, por favor, le preguntase a Dios cuándo terminaría su sufrimiento.

El ángel le dijo:

—¡Por supuesto, lo haré!

Y el ángel se despidió del pájaro.

Al encontrarse con Dios, el ángel le compartió el mensaje del pájaro.

El ángel le contó su patética condición y preguntó cuándo terminaría su sufrimiento.

Dios respondió:

—Durante lo que le queda de vida, el pájaro no tendrá felicidad...

El ángel le respondió que cuando el pájaro oyera esto, se desanimaría.

Entonces, le preguntó si podría sugerir alguna solución para esto.

Dios le respondió:

—Dile que ore de esta manera: "Gracias Dios por todo".

El ángel volvió hasta al pájaro y le entregó el mensaje de Dios.

Una semana después, el ángel pasó de nuevo por el mismo camino y vio que el pájaro estaba muy feliz.

Las plumas habían crecido en su cuerpo, una pequeña planta creció en la zona desértica, un pequeño estanque de agua también estaba allí, y el pájaro estaba cantando y bailando alegremente.

El ángel estaba asombrado de cómo podría haber sucedido esto, porque recordó que Dios dijo que por lo que le quedaba de vida, no habría felicidad para el pájaro.

Con esa misma inquietud en mente, fue a visitar a Dios de nuevo.

El ángel preguntó y Dios respondió:

—Sí, no habría felicidad para el pájaro, pero todo cambió debido a que el pájaro está orando diariamente "Gracias a Dios por todo", ante cada situación.

Cuando el pájaro caía sobre la arena caliente, decía –"Gracias a Dios por todo"-

Cuando no podía volar, repetía –"gracias a Dios por todo"-, así que fuese cual fuese la situación, el pájaro siguió repitiendo "GRACIAS a Dios por todo"- y por lo tanto cambió lo que le quedaba de vida".

Espero que de esta historia aunque no creas en Dios, sepas leer entre líneas y comenzar a emplear el agradecimiento como herramienta para atraer todo lo positivo a tu vida, como ocurrió en la mía, cuando te ocurra algo desafortunado, no caigas en el pesimismo y en la queja, sino todo lo contrario, comienza a sentir, pensar, aceptar y ver la vida con agradecimiento de todo lo bueno que tienes en lugar de centrarte en lo contrario.

Al igual que la práctica de H'oponopono, suelta todas esas emociones negativas y simplemente reconduce tu mente diciéndote un simple pero poderoso GRACIAS y comenzarás a experimentar cambios increíbles.

Deja por un momento a tu mente de lado y HAZLO!!

Otro ejercicio diario clave para resetearte y reconectar con tu Ser es agradecer cada noche antes de dormir a todas y cada una de las partes de tu cuerpo, puedes practicarlo a modo de meditación siguiendo los pasos que a continuación te explico:

Puedes hacer esto sentado con la espalda erguida y los brazos apoyados relajadamente sobre tus piernas o directamente tumbado ya en la cama, aunque corres el riesgo de caer dormido antes de terminar el ejercicio.

Lee atentamente todos los pasos y después hazlo, si al principio, no los recuerdas todos, no te preocupes, es normal, si quieres ve probando poco a poco y recurre cada vez que lo necesites aquí, para ver cuál es el siguiente paso, aunque mi recomendación es que le prestes más atención a lo que notes aunque no lo hagas perfecto a la primera y cada día vuelvas a leerlo todo hasta que salga todo sin mirar, lo verdaderamente importante es que practiques cada día y te regales este espacio íntimo entre tu cuerpo, tu mente y tú.

   1.- Una vez colocado en la posición que hayas elegido comienza por practicar unas cuantas respiraciones con los OJOS ABIERTOS, entre 3 ó 5 y siente como el aire entra y sale. Coge el aire por la nariz y suéltalo por la boca.

2.- Seguidamente cierra los ojos y continúa con la respiración, observa donde notas más el aire, ¿es a través de tus fosas nasales?, ¿quizás más en el pecho?, ¿o notas más cómo asciende y desciende el abdomen?

3.- Bien, ahora quiero que conscientemente, hagas 3 respiraciones más, centrándote en la sensación del aire al entrar y salir a través de tus fonas nasales, después continua con otras 3, pero centrándote en el pecho y finalmente céntrate en el abdomen.

4.- Continúa respirando tranquilamente y ve relajando poco a poco todo tu cuerpo.

Empieza por sentir como se relajan las puntas de los dedos de tus pies, relaja los dedos, relaja los pies y sigue por los tobillos.

5.- Continúa manteniendo una respiración pausada pero rítmica y sigue ascendiendo. Permite que todas y cada una de las partes de tu cuerpo se vayan relajando hasta llegar a tu cuero cabelludo.

6.- Quédate todo el tiempo que necesites en este estado relajado sin moverte, simplemente observa, da GRACIAS y siente, deja que tus pensamientos pasen sin más, no les atiendas, no reacciones, solo deja que pasen.

¿Qué tal la experiencia? ¿Qué has notado? ¿Cómo te sientes después de este ejercicio? Anota en el espacio que dejo a continuación, tu primera experiencia, esto te servirá más adelante para ver tus progresos.

Todo lo que he notado, sentido y pensado durante el ejercicio de Gracias:

____

____

____

____

____

____

____

¡FELICIDADES!

"Quien quiere hacer algo encuentra un medio, quien no quiere hacer nada encuentra una excusa".

PROVERBIO ÁRABE

Además de agradecida, sé una persona Bondadosa, Compasiva y llena de Amor, pero siempre haz respetar tus límites con rotundidad.

No olvides que tan importante es respetar a los demás y ser agradecido, como hacer que te respeten a ti y eso solo será posible si te mantienes firme en cuanto a que no sobrepasen tus propios límites.

Como ya has leído en las páginas anteriores esto favorecerá que duermas con más profundidad, que descanses mejor y más oxigenado y que secretes una serie de hormonas como las endorfinas que harán que el sueño sea más gratificante y reparador.

Irse a dormir habiendo liberado todo el estrés del día hará que lo des por terminado y así puedas comenzar al día siguiente siendo alguien nuevo, como si cerrases un ciclo para poder comenzar el siguiente totalmente renovado.

Puede que los primeros días te cueste notar algún cambio, pero como no dejo de repetir una y otra vez, persevera y los milagros se empezarán a dar.

Cada día son más personas las que se apuntan a realizar estas prácticas, así que anímate, es gratis y los beneficios son incalculables.

8.

PERSEVERANCIA

"Es mucho más reconfortante apreciar los inevitables cambios de estación, que aferrarse inútilmente al imposible de una primavera eterna"

Si has llegado hasta aquí… mi más sincera Enhorabuena!!
Eso quiere decir que a pesar de todo lo explicado en las
páginas anteriores acerca de todas las terapias, sigues
con hambre de saber más para poder alcanzar un conocimiento más íntimo de ti mismo, que te reconecte por fín con
tu SER y de algún modo así, también poder Resetearte.

> "Con el tiempo te das cuenta de que en realidad lo mejor
> no era el futuro, sino el momento que estabas viviendo,
> justo en ese único instante"
>
> ANTOINE DE SAINT-EXUPÉRY

El cambio es vida

Asume que lo real, normal y verdaderamente bueno, es el
cambio.

Si te detienes por un momento a observar todo lo que te
rodea, verás que va transformándose de algún modo con
el paso del tiempo.

Piensa en el agua de los ríos, avanza incesantemente, con
un ritmo constante aunque parezca el mismo, su agua se
renueva todo el tiempo.

Mira ahora los árboles frutales, en ellos puedes ver mucho
más marcados que en otros el cambio que experimentan
con cada cambio de estación, adaptándose lo mejor posible a las condiciones de cada momento, pero con el fin de
conseguir su objetivo final que es el de dar fruto.

Así es como Tú debes caminar por la vida, no luches
contra los inconvenientes, adáptate de la mejor manera

posible a ellos y continúa siempre hacia tu objetivo hasta que lo logres.

"No es el cambio el que produce dolor, sino la resistencia a él."

BUDA

La PERSEVERANCIA es el primer paso, el puente que te conecta y lleva hasta tu PREMIO, ese que realmente mereces.

Vamos a ver los **6 puntos maestros** que hacen que consigas cosas increíbles. Observa la siguiente lista:

Perseverancia

Resiliencia

Entusiasmo

Motivación

Ilusión

Observación

Perseverancia

Como acabas de leer, el primero de los puntos es la perseverancia, debes seguir avanzando y trabajando en todo aquello que apunta en el sentido correcto, sin salirte del camino y manteniéndote en la dirección correcta.

Lo más probable es que vayan apareciendo algún que otro reto o desafío por el camino y habitualmente a medida que estás más cerca de la meta, son más numerosos y más fuertes. Esa es tu prueba de fuego, la prueba sobre la que debes aprender a caminar sin dudar un solo segundo. Según tu FE, así será tu grado de PERSEVERANCIA.

$$FE^X \cdot PERSEVERANCIA^X = PREMIO^{x2}$$

Debes elevar la fórmula al cuadrado para lograr el gran premio, que como ves, si tu grado de Fe es igual al grado de perseverancia, el resultado no será en el mismo grado, sino que aumentará exponencialmente su valor.

$$FE^2 \cdot PERSEVERANCIA^2 = PREMIO^4$$

"La Fe es la certeza de lo que se espera, la convicción de lo que no se ve"

HEBREOS 11:1

Resiliencia

Ya te había hablado en el libro de Tu Verdadero Tesoro sobre la RESILIENCIA, pero vamos a recordar otra vez brevemente de qué se trata, por si no te lo has leído aún, cosa que te recomiendo si de verdad quieres hacer un cambio en tu vida.

John Bowlby (1907 – 1990) psiquiatra y psicoanalista británico, autor de la teoría del apego, fue el primero que usó este término.

Boris Cyrulnik (Burdeos, 26 de Julio de 1937), psiquiatra, neurólogo, psicoanalista y etólogo, sufrió la muerte de sus padres en un campo de concentración nazi, del que consiguió escapar con tan solo 6 años. Fue el que a través de su bestseller "Los patitos feos" introdujo este término en el ámbito de la psicología.

Para entender un poco como se produce un trauma, con el fin de poder evitárselo a generaciones venideras Boris Cyrulnik emplea el siguiente ejemplo:

-"Imagina que un niño ha tenido un problema, que ha recibido un golpe, y cuando le cuenta el problema a sus padres, a éstos se les escapa un gesto de disgusto, un reproche. En ese momento han transformado su sufrimiento en un trauma."

Para Cyrulnik este término significa un mensaje de esperanza ya que nos habían enseñado en psicología de manera bastante categórica, que los niños mayores de 5-7 años quedaban formados ya y si tenían traumas o problemas de abandono, ya no iban a poder superarlo, eran directamente desahuciados.

Sin embargo hoy en día y gracias al conocimiento de este término, sabemos que esto no solo no es así, sino que además de poder ser personas totalmente sanas gracias a un apoyo correcto y amoroso que no los culpabilice de su pasado, pueden lograr una transformación absolutamente asombrosa logrando ser excelentes humanos, personas equilibradas y felices.

**"Tu historia puede explicar tu presente,
pero no determina tu futuro"**

Existen varias definiciones, una de ellas dice que es la capacidad de adaptación de un ser vivo frente a un agente perturbador o un estado o situación adversos.

Si esto último, lo adaptamos un poco más a las personas, se puede decir entonces que:

La resiliencia es la capacidad que tiene una persona para superar circunstancias traumáticas como la muerte de un ser querido, un accidente, una ruptura de pareja singularmente dolorosa, problemas económicos, un atraco, etc... es decir, adaptarse positivamente a situaciones adversas.

Y en resumidas cuentas, es la capacidad de transformar lo negativo en positivo gracias a la flexibilidad y capacidad de aceptación o adaptación. Transformar lo negativo en positivo, sacar lo bueno de lo malo, utilizar los desafíos como catapultas que te impulsen a mejorar incluso la situación que tenías previa a aparecer el desafío.

Y creo que con esto, ya te ha quedado bastante claro de qué se trata, ¿verdad? ¿Alguna vez te has planteado qué grado posees de resiliencia?

Anota ahora lo primero que se te venga a la cabeza en cuanto a situaciones complicadas que se te hayan presentado, quizá te cueste un poco al principio, sobre todo porque suelen ser de lo primero que intentamos olvidar, pero te animo a que hagas este ejercicio, porque te va a aportar grandes beneficios y merecerá la alegría. Cuanto más descriptivo seas, mejor y ahora escribe en cada uno de los puntos y deja el segundo guión sin numerar, sin escribir para el final del ejercicio, donde te volveré a dar indicaciones de qué debes poner ahí, yo te acompaño en silencio y te espero al final de todo lo escrito.

1-

-

2-

-

3-

-

4-

-

5-

-

6-

-

7-

-

8-

-

9-

-

10-

-

¡Hola de nuevo! Sé que no es nada fácil, pero te diré que ¡¡Lo estás haciendo perfecto!!

Vamos ahora con el siguiente paso, debes hacer a cada uno de los puntos donde acabas de escribir, las siguientes preguntas:

- ➤ ¿Qué puedo aprender de esto?

- ➤ ¿Qué puedo sacar de bueno de esto que ha ocurrido?

Vuelve atrás y escribe estas repuestas en el guion sin enumerar que he dejado después de cada punto. Con esto estamos aumentando tu capacidad de resiliencia, cuanto más lo practiques con situaciones pasadas, más capacidad tendrás cuando se vuelva a presentar alguna nueva.

Esto es algo que podemos desarrollar a lo largo de nuestra vida y sino has tenido ningún modelo cercano o familiar como ejemplo, quiero que sepas que aun así, se puede lograr y mejorar a base de práctica, como todo en la vida, ya sabes siempre hay que poner acción y perseverar.

¡Felicidades!

Haber hecho esto demuestra que eres una persona excepcional, no todo el mundo tiene esta fuerza de voluntad y por eso muchos leerán este libro y pasarán por alto todo esto, pero igual van a hacer los resultados y beneficios con ellos, los pasarán por alto. Porque como decía Jesús…

"…. Muchos son los llamados, pero pocos los elegidos…"

Para mantener y seguir mejorando tu resiliencia te dejo una lista de aptitudes que caracterizan a las personas resilientes:

1.- Autoconocimiento elevado.

Debes ser consciente tanto de tus virtudes, potencias o luz, como de tus defectos, limitaciones o sombra. Esto te va a dar el poder de enfrentar con mucha más fortaleza y habilidad, todas las situaciones adversas que se te presenten y que los resultados se decanten siempre a tu favor.

Conócete mejor a ti mismo, como ya te he dicho antes, en Tu Verdadero Tesoro te explico y guio a lo largo de todo el libro para que puedes alcanzar ese conocimiento.

2.- Creatividad.

Además de resolver y reparar el cristal roto, por poner un ejemplo, las personas resilientes tienen la capacidad de convertir este trabajo en una obra de arte, lo que hace que sume valor.

¡¡Practica tu creatividad, salte de la rutina a diario!!

3.- Autoconfianza.

Gracias al autoconocimiento del que te hablaba antes, las personas resilientes tienen una autoestima adecuada, ya que conocen bien sus potenciales y sus limitaciones, por lo que sienten confianza en cuanto a cómo van a poder afrontar todo aquello que les toque y los posibles resultados, sin perder nunca el objetivo marcado.

Este conocimiento también hace que no sean personas aisladas, sino que saben apreciar el valor del grupo y se permiten pedir ayuda cuando les es necesario.

4.- Capacidad de aprendizaje

Dan por hecho que cualquier dificultad es una nueva oportunidad de la que aprender y esto ya hace que la actitud ante el primer contacto con esto, mejore sustancialmente los resultados independientemente de sean cuales sean estos.

Cuanto mayor sea el grado de resiliencia alcanzado, mayor será la capacidad de ver más allá de las circunstancias sin entrar en pánico, sino en ver el desafío como una oportunidad de aprender, crecer y de esta forma poder cambiar.

5.- Conciencia plena.

Practican mindfulness o meditación, para vivir en el aquí y en el ahora y tienen una alta capacidad de aceptación de lo que llega, sea en la forma que sea, aunque siguen manteniendo intacta su capacidad de asombrarse e ilusionarse por la vida.

6.- Objetividad

Suelen tener los pies bien puestos en la tierra y una gran objetividad, aunque miran a través del prisma del optimismo.

Esto quiere decir que sin faltar a la más pura realidad, son conscientes de que todo tiene una polaridad y ellos prefieren decantarse por el lado positivo, es decir que si el día está siendo tenso, saben y confían en que mañana volverá a salir el sol.

7.- Circulo saludable

Saben cuidar y establecer relaciones personales sanas alejadas de las personas tóxicas. Buscan rodearse de gente positiva que puedan mantener este estado de progreso o crecimiento constante y resultar de apoyo en los momentos necesarios.

Establecen relaciones sanas y simbióticas, ya que saben que no solo les beneficia a ellos, sino a las personas elegidas y esto ocurre bidireccionalmente.

8.- Emociones inteligentes

En lugar de intentar y gastar energía constantemente en querer controlar todo lo que les rodea, aprenden a educar sus emociones para que, sea lo que sea que llegue a sus vidas, solo pueda afectarles de manera positiva.

Como decía Louis Hay:

"Yo ya no arreglo mis "problemas", arreglo mis pensamientos y los "problemas" se arreglan solos."

Ella, al igual que tú y yo, sabemos que es imposible mantener el control absoluto sobre todas las cosas.

9.- Flexibilidad

Aunque nunca pierden de vista su objetivo, tienen muy claro lo que quieren, saben siempre adaptar y adaptarse a las circunstancias de tal forma que todo se mantenga en equilibrio y fluya a favor de los acontecimientos e igualmente llegue a lo deseado.

Aunque también tienen la capacidad de valorar otras opciones sin apegarse obsesivamente a su plan inicial.

10.-Firmeza

Aunque parezca opuesto al anterior punto, no lo es, aunque son flexibles frente a las circunstancias, son perseverantes en cuanto al logro de sus metas, luchadoras y por más vaivenes que le lleguen sabrá adaptarse y mantener su foco y atención en la dirección prevista.

11.- Buen Humor

Saben y suelen reírse hasta de su sombra. Es una de las principales características de las personas resilientes. Son capaces de sacar un chiste incluso de una mala situación propia y bromear con ello.

Para ellos es esencial un ambiente y entorno en el que se respire buen humor, eso ayuda a liberar tensiones y enfocarse en los aspectos positivos.

12.- Humildad

Cuando es necesario buscan ayuda en el otro, les gusta el apoyo social, no es su ánimo hacerse el valiente y su ego no tiene prácticamente ningún protagonismo a estas alturas de su etapa vital, incluso si es necesario recurren a un profesional, hacen lo que consideren oportuno para reestablecerse tras un hecho traumático y volver a la vida lo antes posible.

Sus ganas de superación son constantes e imparables.

Trabajar en reforzar la parte sana de cada uno con la finalidad de cerrar las heridas y volverse humano a pesar de todo, es la clave esencial de la resiliencia.

"Sé cómo el bambú, cuanto más crece, más se inclina"

PROVERBIO CHINO

Entusiasmo

Este término procede del latín *enthusiasmus*, aunque el término más antiguo provenía de los griegos para los cuales significaba "tener un dios dentro de sí", así que según estos, la persona entusiasmada está siendo guiada por la fuerza y la sabiduría de un dios, capaz de hacer que ocurrieran cosas.

"El ENTUSIASMO mueve montañas"

Suele ser intrínseco, algo interiormente te mueve a actuar con positivismo. Se trata como de un motor de arranque que te pone en marcha y te mantiene activo mientras tienes un objetivo que cumplir.

Aunque también puede haber una felicidad y paz interior, que se manifiesten exteriormente en forma de entusiasmo sin que tenga que haber un objetivo en concreto marcado.

Motivación

"La motivación sí importa y conocer el tipo de motivación, es importante"

La motivación es la inclinación a realizar ciertas cosas o esa emoción que nos invade al pensar que podemos lograr un objetivo a través de nuestro esfuerzo; es el impulso que nos invita a que tomemos acción sobre algo.

Se habla tradicionalmente de la motivación, según las necesidades de cada uno y Maslow lo engloba todo dentro de una pirámide en 5 niveles, de los cuales los 3 primeros niveles inferiores, son motivaciones generadas por la necesidad de supervivencia (FISIOLÓGICAS-SEGURIDAD-SOCIALES) y los dos niveles superiores (ESTIMA-AUTORREALIZACIÓN) se generan frente a la necesidad de desarrollarse y crecer personalmente.

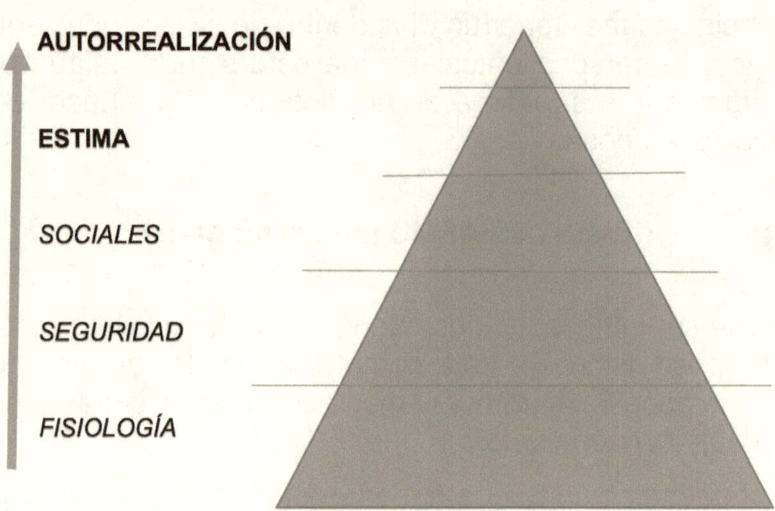

Para Maslow las motivaciones superiores no surgirán hasta que se vean cubiertas las inferiores.

Podemos hablar de 8 tipos de motivación:

✓ <u>Motivación extrínseca</u>, es aquella que se genera al querer lograr una recompensa exterior, por ejemplo dinero.

✓ <u>Motivación intrínseca</u>, aquí el impulso procede del interior y está más relacionada con el logro interior, es decir, con el crecimiento personal. Este tipo de motivación que proviene del interior no tiene límites.

✓ <u>Motivación positiva</u>, la que surge del placer de saber que se obtendrá algo positivo sea del exterior o interiormente.

- ✓ <u>Motivación negativa</u> es aquella que nos impulsa a realizar algo con el fin de evitar un malestar, que puede provenir del exterior o del interior. Exteriormente podríamos estar hablando de evitar un castigo o interiormente el evitar una frustración al no conseguir algo.

- ✓ <u>Motivación básica</u>, este tipo de motivación está relacionada con la actividad física que realizamos y el rendimiento de esta.

- ✓ <u>Motivación cotidiana</u>, tiene que ver con la actividad diaria y los resultados inmediatos obtenidos.

- ✓ <u>Motivación centrada en nuestro ego</u>, la que nos lleva a realizar actividades movidos con la comparación con otros y sus resultados.

- ✓ <u>Motivación centrada en la tarea</u>, relacionada con la superación a uno mismo. Esta motivación nace del ánimo de mejorarse a uno mismo centrándose y fijándose en batir tus propios records.

De todas ellas las que realmente son más fácilmente sostenibles en el tiempo son la combinación de la motivación intrínseca y positiva. Es la motivación que surge de tu interior, la que te dicta el corazón, la que oyes cuando descubres tu verdadero tesoro y escuchas la voz de tu Alma.

Ese tipo de motivación surge de una fuente inagotable, la fuente de energía ilimitada que proviene de lo más profundo de tu SER y a la que solo tú puedes acceder si te das ese permiso, y si quieres que te cuente un secreto, ya te lo estás dando al seguir aquí conmigo y continuar con la lectura de estas páginas, aunque no lo creas es mucha gente la que dice:

— "¡Siiii, si quiero, claro que quiero!!"

Pero en cuanto leen un poco o les toca hacer el primer ejercicio del libro, abandonan, lo que dice mucho de ellos en cuanto a porqué no tienen lo que quieren, recuerda la fórmula, si no hay Fe o Perseverancia, no habrá tampoco premio.

$$FE^X \cdot PERSEVERANCIA^X = PREMIO^{2X}$$

Tanto si la FE es igual a 0, como si lo es la PERSEVERANCIA, el resultado será 0, porque cualquier número multiplicado por cero es igual a........ EXACTO!! A CERO, así que lo que se obtendrá no tendrá valor y adiós premio.

$$\mathbf{0}FE \cdot PERSEVERANCIA^2 = \mathbf{0} \, PREMIO$$

$$FE^2 \cdot \mathbf{0}PERSEVERANCIA = \mathbf{0} \, PREMIO$$

Por eso no debes solo limitarte a seguir las motivaciones que te aportan pequeños resultados a corto plazo o en un plazo inmediato, sino que debes conseguir que tus motivaciones sean más profundas e internas, para que alcances el mayor logro que hayas soñado nunca, el que realmente mereces y deseas y por el que has venido a esta vida.

"La motivación nos impulsa a empezar. El hábito nos hace ganar"

GRIT

Explora cuáles son tus motivaciones ahora mismo y escríbelas para hacer más visible y claro de dónde proviene cada una de ellas y puedas así ver si es suficiente todo lo que estás haciendo o cómo de motivado estás para llegar a disfrutar del camino, porque si además de llegar a la meta podemos conseguir que el camino sea lo más agradable posible, mucho mejor, ¿verdad? Vamos a por ello ahora y anota aquí mismo:

-

-

-

-

-

-

-

Regálate un tiempo para reflexionar sobre este tipo de motivaciones y busca aquellas que sean más positivas, motivaciones que te llevan a realizar aquello que te recarga de energía solamente por el hecho de realizarlas, independientemente de los resultados obtenidos inmediatamente. Apunta lo primero que te venga a la mente:

-

-

-

-

-

-

-

-

-

Cuantas más hayas localizado de este tipo, mayor calidad de vida obtendrás de ello y si son las menos, comienza a darles más importancia y espacio en tu día a día, no te preocupes si ahora mismo no sabes cómo, simplemente hazte consciente de ellas y el cómo, irá surgiendo poco a poco, puede que te resulte casi mágico el cómo se va a ir dando todo. CONFÍA, como ya sabrás las cosas no llegan a tu vida por casualidad, sino por CAUSALIDAD.

"Tanto el miedo como la Fe, te exigen creer en algo que no puedes ver. Escoge la Fe"

ANÓNIMO.

Anota o ten en cuenta cada vez que una de estas causalidades o sincronicidades llegue a tu vida y si no lo has hecho aún, empieza ahora a hacerlo, pues cuanto más atención prestes a estas señales, más se irán dando. Tómalo como pequeños guiños que Dios o el Universo te envía para confirmarte que vas por el buen camino.

"Que tu meta hoy sea ganarle a tu mejor excusa"

ANÓNIMO.

Ilusión

Este término se describe como la visión o percepción de algo que no se corresponde con la realidad.

Etimológicamente proviene del latín <<illus<o>> que quiere decir engaño o forma sustantiva abstracta de <<ill>sum>> que quiere decir juego.

Según la RAE. es un concepto, imagen o representación sin verdadera realidad, sugeridos por la imaginación o causados por engaño de los sentidos.

Aunque habitualmente este término está más sujeto a un sentido de esperanza, cuando sabes que aún no es, pero que lo percibes con el deseo de que lo sea, de verlo materializado a través de tus 5 sentidos y por tanto también se carga su significado además de con esperanza, con alegría y entusiasmo.

Por tanto, tras todas estas definiciones se puede decir que es algo que te puede ayudar a mantenerte en un estado positivo de ánimo, pero que debes ser consciente de la realidad que lo acompaña, para que esa ilusión te conduzca a lograr algo posible y no te conduzca a ser simplemente un iluso.

Utiliza este don propio del ser humano, para engañarte positivamente, al igual que en muchas ocasiones te has entristecido o preocupado por una ilusión, ya que nada de eso había ocurrido aún, como por ejemplo la ilusión de que no vas a aprobar un examen porque es muy difícil, de que nunca vas a conseguir determinado trabajo, úsalo a tu favor, olvidándote del resultado y centrándote en la bonita emoción que te invade cuando te ilusionas pensando a dónde te gustaría ir, a quién nos gustaría tener a nuestro lado o a qué nos gustaría dedicarnos, esa que te hace sentir bien, mejor

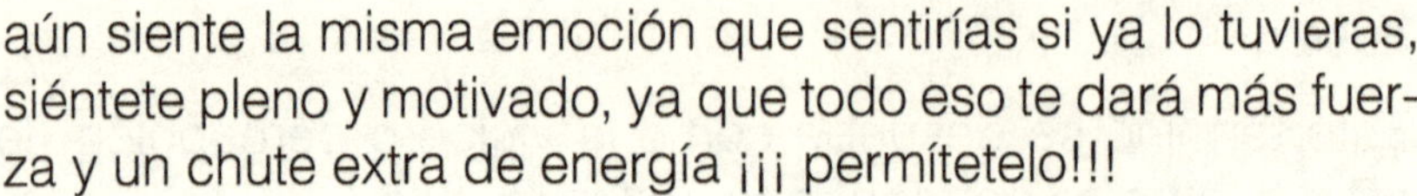

aún siente la misma emoción que sentirías si ya lo tuvieras, siéntete pleno y motivado, ya que todo eso te dará más fuerza y un chute extra de energía ¡¡¡ permítetelo!!!

"No rechaces tus sueños. ¿Sin la ilusión el mundo que sería?"

RAMÓN DE CAMPOAMOR

Resetéate para que con el paso de los años no se agote la fuente de la que emanan tus ilusiones y defiende el que no te llamen iluso porque tengas una ilusión.

Observación

"Comienza a ser consciente del poder de la palabra, cambia en tu vocabulario necesito por Elijo y OBSERVA la magia..."

La Observación te ayuda a descubrir nuevas cosas, corregir y mejorar cuestiones al permitir hacerte consciente de ellas, a entender muchas otras.

Se trata de un ejercicio que te facilitará el acercarte a tu meta, a abrir los ojos.

Mediante la observación exterior y la exploración de todo lo que te rodea, de todo lo que te sucede, podrás intuir qué está pasando también en tu interior, recuerda que lo que ves, es el reflejo de lo que existe dentro de ti, que eres el creador de tu propia realidad y de cómo ves el mundo.

La realidad es una, pero tiene múltiples interpretaciones, así que como tú la percibas, será lo que defina como te encuentras tú respecto a esa realidad.

Practica la observación y busca en qué parte de ti, se encuentra aquello que no te gusta y encuentra la manera de modificarlo para que te sientas feliz con ello.

¿Ves formas de actuar incorrectas? ¿Cómo las haces tú? ¿Puedes hacerlas mejor?

Pues cuando se te presente la oportunidad, hazlas de la forma que consideras que deberían hacerse.

Haz un rápido ejercicio ahora de observación, dedícale unos minutos y anota qué es lo que estás observando, qué opinas sobre ello, qué sientes y cómo lo mejorarías.

Puede que en este momento lo que veas te parezca correcto o te guste, bien, anótalo igualmente, todo lo que observes es impórtante, de hecho el fin de estos ejercicios es que cada vez veas más cosas con las que estás de acuerdo y te hacen sentir bien.

Te dejo un espacio para que puedas escribir y ánimo!! Haz todos los ejercicios que te propongo, te darás cuenta que lo que parece un sacrificio, terminará siendo el mayor logro de tu vida:

(Recuerda seguir este orden)

¿Qué situación estoy viendo ahora mismo?

____

____

____

____

¿Qué opinas sobre ello?

____

____

____

____

¿Qué sientes?

____

____

____

____

¿Cómo lo mejorarías?

____

____

____

____

¡Mejóralo¡ Conviértete en el cambio que quieres ver en el mundo.

Voy a ponerte algunos ejemplos de perseverancia:

Albert Einstein comenzó a hablar a los cuatro años y sus maestros decían "que no llegaría a ser nadie".

Michael Jordan fue expulsado del equipo de basket de su escuela.

Walt Disney fue despedido de un periódico por "falta de imaginación" y por "no tener ideas originales".

Steve Jobs fue despedido de la empresa que él mismo había creado.

Oprah Winfrey la sacaron de su puesto de presentadora de noticias por "no ser apta para la televisión"

Los Beatles fueron rechazados ya que "no tenían buen sonido ni futuro en los negocios."

¿Aun piensas en rendirte?

9.

CLARIDAD

"Recuerda que la mejor relación es aquella en la que el AMOR por cada uno excede la necesidad por el otro"

SS DALAI LAMA

La terapia más efectiva que conozco es la de saber qué quieres claramente, es decir, una vez que has conectado con tu verdadero ser, que ya sabes quién eres y te ha comunicado lo que verdaderamente anhelas, debes marcarlo como objetivo y buscar los ejemplos de personas que representan lo que quieres lograr para poder saber cómo lo lograron ell@s y PERSEVERAR en conseguirlos.

Debes mantenerte en tu centro o como decía Buda, en el camino del medio parar cumplir con tu propósito de vida.

Para ello debes trabajar activamente cada momento del día, mantenerte en estados de oración como decía San Pablo: "Orad sin cesar", lo que quiere decir que todo el tiempo debes estar lo más consciente posible de lo que está ocurriendo tanto a tu alrededor como en tu interior.

A su vez, al poder hacer esto, estás directamente construyendo tu futuro y cuanto más consigas practicarlo, más claridad y seguridad tendrás respecto a lo que va a suceder en tu vida, es decir, podrás conocer tu futuro, porque TÚ, desde tu infinito SER has determinado exactamente lo que querías que ocurriese, lo más conveniente para tu desarrollo y crecimiento personal y por lo tanto el mayor bien para tu vida y la de los demás, ya que todos somos finalmente UNO.

Sé que a tu mente le cuesta creer esta parte tan profunda, no es su cometido de hecho hacerlo, a ella le seduce mucho más sentirse un ente aparte, así que le gusta sentirse diferente, especial, superior al resto, a lo que si has leído algo sobre la composición del ser humano en su dimensión psicológica, ya sabrás que se le suele denominar EGO.

No debes preocuparte por sentir todo eso, simplemente, hazte responsable y ocúpate de ello, ya has logrado un gran trabajo hasta ahora, el simple hecho de estar leyendo estas páginas, demuestra que eres alguien realmente valioso, pues no te has quedado en las meras apariencias de la vida y que quieres ahondar y explorar más allá de lo superficial de las cosas y sientes que tiene que haber algo más.

Por ello déjame que me detenga un solo instante para poder decirte que tienes mi máxima admiración y respeto, te mereces la mayor felicidad que pueda sentirse en esta Tierra.

¡¡¡ ENHORABUENA TESORO!!!

Permíteme llamarte así, porque sinceramente lo eres, un VERADERO TESORO.

A pesar de que no te tenga delante ahora mismo, sé que en este preciso momento, que generosamente estás dedicando a compartir conmigo, estás brillando intensamente aunque tú aún no lo logres a ver, pero CONFÍA en que así es.

LOS CUATRO ACUERDOS de la sabiduría Tolteca.

NO SUPONGAS: No des nada por supuesto, si tienes duda, aclárala. Si sospechas, pregunta. Suponer te hace inventar historias increíbles que sólo envenenan tu alma y no tienen fundamento.

HONRA TUS PALABRAS: Se coherente con lo que piensas y con lo que haces. Ser auténtico te hace respetable ante los demás y ante ti mismo.

HAZ SIEMPRE LO MEJOR: Si siempre haces lo mejor que puedes, nunca te recriminarás ni te arrepentirás de nada.

NO TE TOMES NADA COMO PERSONAL: En la medida que alguien te quiere lastimar, se lástima a si mismo y el problema es de él y no tuyo.

Puntos importantes para poder resetearte y ser Feliz:

1- DEJA DE COMPARARTE Y COMPETIR CON LOS DEMÁS, si vas a competir con alguien que sea contigo mismo.

   Procura siempre tener claro dónde estás y a dónde quieres ir. Ese es tu punto de partida y de llegada.

   Se siempre el mejor referente de tu vida y si miras en algún momento hacia otro lado, que sea para admirar los sueños que otros han alcanzado y tomarlos como ejemplo, no como rivales, ya que te están ayudando a ver sueños aún más grandes de lo que quizás tu nunca habías alcanzado a soñar y lo que es más importante, te están demostrando que se puede lograr.

   Sigue ampliando tus horizontes, derriba murallas y márcate nuevas metas.

   La vida es una constante renovación y evolución, sigue siempre adelante.

"Qué lindo es desearle algo bueno a alguien en silencio, y ver como la vida se lo cumple en voz alta".

ANÓNIMO

2- Si aún tienes la creencia de que la felicidad está en lo material, suéltala ya!!.

Lo material puede producirte un recompensa y una felicidad momentánea, pero tus logros personales, las emociones vividas, lo que eres, cómo piensas, tu manera de sentir y capacidad de disfrutar, te acompañarán siempre.

Invierte en ti, en tu crecimiento personal.

3- DEJA LOS "TENGO QUE" A UN LADO

En lugar de decir tengo que, cámbialo por voy a, no te resultará tan impositivo.

Eso te llevará directamente a la acción dejando de lado la pereza que tanto te retrasa en la consecución de tus objetivos.

Sustituye el debo por quiero, no es lo mismo hacer algo como obligación, que por devoción, la cual surge de tus anhelos e implica pasión, por lo que te hará llevar a cabo las tareas que consideres con mucho más ánimo y motivación obteniendo una mayor sensación de beneficio con toda la labor que desempeñes.

Presta atención a cómo te expresas y cámbialo si es necesario.

Tengo que ———⟶ Voy a

Debo de ———⟶ Quiero (pon un verbo)

Te pongo un ejemplo de esto y después, puedes probar tú, con las distintas tareas que tengas que realizar a lo largo del día:

➤ Tengo que <u>estudiar</u> *POR* ➜ Voy a estudiar

➤ Debo de <u>estudiar</u> POR ➜ Quiero estudiar

¿Notas la diferencia?

Aplícalo y utiliza tus propios ejemplos, estoy segura de que notarás el cambio.

4- ALÉJATE DE LAS PERSONAS TÓXICAS, aquellas que siempre se quejan, se sienten víctimas y su problema siempre es exterior y está en el otro, o de lo contrario toda esa negatividad te acabará afectando a ti.

Créeme cuando te digo que el mundo está lleno de buenas personas y si no las encuentras, se una de ellas.

"No podemos cambiar la actitud de los demás, pero podemos elegir no entrar en su juego."

Rodéate de personas que motiven, que vivan inspirados y con pasión, de los que tienen la mente abierta y comprendan el valor de la gratitud.

Erradica los juicios de tu mente, tanto si es hacia otros, como hacia ti mismo.

"Camina en PAZ y perdona a quienes no te perdonan. Acepta a quienes no te aceptan. Quien juzga se condena a sí mismo." Sabiduría interior

5- ABRE TU MENTE A NUEVAS EXPERIENCIAS O FORMAS DE PENSAR

Si quieres que se produzcan cambios en tu vida hacia algo nuevo, algo diferente a todo lo anterior ya que todo lo hecho hasta ahora no resultó todo lo bien que esperabas, debes permitir observar nuevos puntos de vista, nuevas formas de actuar y seguir experimentando de una forma en la que nunca antes lo habías contemplado.

Ya que no puedes esperar resultados diferentes, si sigues haciendo lo mismo.

Estírate cada mañana nada más abrir los ojos, para abrir tu corazón al mundo, bosteza profundamente para que todas tus células se oxigenen y comiencen un nuevo día con aire renovado y sonríe confiadamente y con Fe de que te queda por delante un nuevo día fantástico cargado de maravillosos logros.

Y RECUERDA QUE…

Debes Dar sin permitir que te utilicen.

Debes Amar sin permitir que abusen de tu corazón.

Debes Confiar sin ser ingenuo.

Debes escuchar pero sin dejar de escuchar tu propia voz.

Debes dar y sentir las gracias por todas las experiencias que han llegado a cada día a tu vida.

"No dejes que se muera el sol sin que se hayan muerto tus rencores."

GANDHI

10.

DESDE MI EXPERIENCIA

"No es necesario mostrar bellezas a los ciegos, ni decir verdades a los sordos.... Basta con no mentir al que te escucha, ni decepcionar al que confió en ti.

Las palabras conquistan temporalmente... Pero los hechos... esos si nos ganan o nos pierden para siempre, porque no eres lo que dices que vas a hacer, sino que eres lo que haces."

A media hora de la siguiente mentoría estoy intentando terminar mi segundo libro, y la verdad que compaginarlo con un Máster y tu día a día, no parece demasiado fácil. Lo que quiero transmitirte con esto es que cuando intentas romper tus patrones, tus programas, que son los que te llevan a tener esa vida que no deseas, y tu mente te sabotea porque se resiste a salir de esa zona de confort, así que crea una serie de eventos, de ideas y de circunstancias todas encaminadas a evitar que puedas salir de esa zona.

Estos eventos pueden ser de cualquier tipo y pueden llegar de cualquier forma, a través de personas, de accidentes, de diferentes desafíos que van a cuestionarte constantemente si estás haciendo lo correcto o si debes continuar y harán que te cuestiones constantemente para asegurarse de que eres la persona adecuada poniendo a prueba tu FE.

Cuando comencé a escribir los libros fue un choque mental total frente a todas las limitaciones y a la vez un descubridor de todo aquello que me estaba frenando limitando y no era consciente.

Me di cuenta que más que el miedo a lo que piensen los demás sobre ti, que también existe, llegué un poco a la conclusión de que esa última capa que llegamos a ver y que mira al exterior, está cubriendo otro miedo más profundo y ese miedo o esa limitación viene desde o es hacia nosotros mismos, no es que tengamos miedo a que los demás no acepten o no les guste lo que hacemos o lo que pensamos, sino que es a nosotros mismos, el mayor miedo está en que no nos guste la imagen que vamos a descubrir de cómo somos nosotros en realidad, que no aceptamos esas formas propias.

Al negarte, te estás imponiendo un autocastigo, y se desata una lucha interna, descubres porqué pasa lo que pasa ahí fuera en el exterior y como explico en otros libros y se explican en muchos otros también, lo que ves en el exterior no es más que el reflejo de tu mundo interior, somos como los proyectores que contienen en su interior la película qué vemos proyectada en el exterior en forma de nuestra vida.

Por eso, cuando algo ahí fuera no te gusta o no ves los resultados o la vida que te gustaría estar viviendo en realidad, debes buscar y mirar hacia dentro, volver el espejo hacia ti, es ahí el lugar donde debes trabajar para hacer que todo cambie.

Y todo el mundo quiere los resultados, pero pocos son los que están dispuestos a hacer el trabajo, a veces puede ser realmente decepcionante descubrir lo que ahí hay, pero es la única forma de poder modificarlo y lograr el cambio. La parte positiva es que al igual que lo feo, verás lo bello y mágico, conectarás con tu verdadero poder, TU VERDADERO TESORO.

En este momento en el que escribo estas líneas no sé siquiera si algún día llegarán a tus manos y podrás leerlas, tampoco sé ciertamente el modo en que tú sentirás todas estas terapias de las que te he hablado y tampoco su efecto real en todo el mundo, ya que considero que cada persona es un ente totalmente individual, aunque tengamos muchas cosas en común y finalmente todos seamos gotas que pertenecemos a un mismo mar en su origen.

Sé que cada uno tenemos una necesidad debido a la particularidad de nuestros programas heredados.

Por eso desde aquí, no puedo guiarte de manera individual y te propongo varias de las muchas técnicas que existen para que puedas seleccionar la que consideres que a ti te puede ser de más utilidad y aportar mayores beneficios, ya sabes, debes elegir aquella que más te resuene, siempre animo a todo el mundo a que pruebe y si no es lo que buscaba, pues es una experiencia más y un conocimiento más que ha adquirido, de este modo además, al ir descartando lo que no le sirve, va consiguiendo más claridad y se va encaminando a lo que si le va ayudar.

"Sostengo que el sentimiento religioso cósmico es la más fuerte y noble de las invitaciones a la investigación científica".

ABERT EINSTEIN.

Siempre hay que ser positivo y hablar con un lenguaje de confianza pero también debemos tener un poco de precaución y ser cautos con esto, me refiero a que no nos lancemos a cualquier persona o "pseudo terapeuta" porque cómo en todas partes siempre hay alguien que no está enfocado de la manera correcta y que su fin quizás no coincida con lo que realmente buscas. Con esto me refiero a que existe, no podemos negarlo, muchos charlatanes como en todas las profesiones o sectores de venta que simplemente buscan mejorar su economía sin tener en cuenta o sin el propósito de ayudar sinceramente.

Así que permítete tu tiempo para seleccionar, hazlo desde el corazón, procura escuchar a tu alma y dejar que a tu YO más profundo, se exprese.

Es difícil dar una regla exacta de cómo distinguir intuición de resistencia mental a romper patrones, así que creo que la única regla que nos permite o nos conduce a tener conocimiento es la experiencia propia.

Lo único que debes saber, es que todos y cada uno, contenemos esa sabiduría interior, esté más escondida o más a la vista, pero existe en nuestro interior y para alcanzarla, todos deberíamos ser más conscientes e invertir un espacio mayor de tiempo en nuestras vidas para conectar y dejarnos guiar por ella.

Creo que esa primera intención de ser más consciente, es el primer paso de un camino, por el cual comienzan a llegarnos las herramientas para que podamos descubrir y llegar hasta esa sabiduría.

> "Antes de hacerte hindú, budista, musulmán o cristiana, hazte primero humano."
>
> **Gurú Nanak**

Déjame que te presente ahora a Paramahansa Yogananda (1893 – 1952) es mundialmente reconocido como una de las personalidades espirituales más ilustres de nuestro tiempo. Nació en el norte de la India el 5 de enero de 1893.

Después de graduarse en la Universidad de Calcuta en 1915, Sri Yogananda hizo sus votos como monje de la venerable Orden de los Swamis de la India. Dos años más tarde inició la obra a la que consagraría su vida entera, con la fundación de una escuela para niños cuyo programa educativo –basado en sus principios sobre << el arte de vivir >> - integraba los temas académicos tradicionales con la disciplina del yoga y la enseñanza de principios espirituales.

Desde entonces, el número de la escuela ha aumentado, y al presente existen veintiún establecimientos educacionales diseminados a través de la India. (Biografía extraída del libro "Autobiografía de un Yogui")

Para este Yogui, todo ser humano debe atender a las 3 partes de las que está compuesto, Cuerpo, Mente y Alma. Al igual que tenemos unos derechos de nacimiento como el de ser felices, también deberes. Paramahansa dice:

- Tienes un deber para con tu Cuerpo

  El de mantenerte en buenas condiciones 

- Tienes un deber para con tu Mente

  El de desarrollar tus poderes 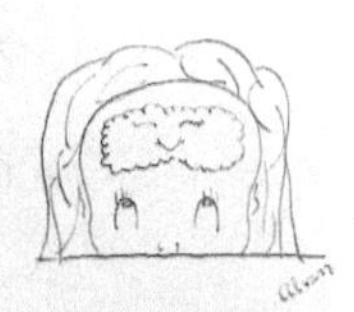

- Tienes un deber para con tu Alma

  El de meditar diariamente en la Divina

  Esencia de tu Ser. 

Si no te ocupas del Alma a su debido tiempo, tanto el cuerpo como la mente, también sufrirán.

"Un Santo no es más que un pecador que jamás se dio por vencido"

Paramahansa Yogananda

Déjame que insista una vez más en que el agradecimiento es el arma más poderosa que te lleva a alcanzar tus mayores sueños y que el cuerpo es el puente a través del cual nos comunicamos y podemos estar en comunión con nuestra mente y nuestra Alma, así que agradécele cada día su esfuerzo y una forma de hacerlo es escucharlo y atender a sus peticiones, así que:

- Si te duele la garganta, canta y grita

- Si te duele el pecho, abre y ama

- Si te duelen los oídos, escucha

- Si te duele la cabeza, deja de pensar y siente

- Si te duelen las piernas baila

- Si te duelen las rodillas inclínate

- Si te duele la espalda, recapitula y libérate

O simplemente, cada noche observa en silencio y en la mayor calma posible y agradécele a tu cuerpo todo lo que te ha permitido hacer durante el día o has podido hacer gracias a él, sea lo que sea, quizá el mantenerte en salud y que no te duela nada y si no es así pues agradécele la enseñanza de ese dolor, porque el cuerpo siempre habla, escúchalo.

Sea lo que sea que quieras en la vida, ve a por ello sin dudarlo, el cómo alcanzarlo lo irás descubriendo a medida que avances hacia tu meta, pero lo más importante es que no dudes, la clave, la **GRAN REGLA DE ORO**, es que lo que deseas sea desde el **AMOR**.

Se valiente, pues donde hay luz, no existe lugar para la oscuridad, solo la duda y el miedo pueden hacer que esta luz se atenúa, no les des cabida, **ERES LUZ**, recuérdalo siempre.

En ocasiones puede ocurrir que creas que has actuado bien y no te sientes premiado, que no tienes lo que quieres a pesar de haber hecho el inmenso esfuerzo de hacer lo que tu lógica y moral te decían que era lo adecuado, lo que siempre te enseñaron que debía hacerse desde un lugar más profundo alejado del ego, pero aun así, **nunca tires la toalla**, porque justo después de ese, que parece tu último aliento, antes de la derrota definitiva, ahí está el inicio de tu más inmenso regalo dorado, TU VERDADERO TESORO.

Llámalo esencia, energía, voluntad, intuición, niño interior, alma, corazón…. da igual!!, **RESETEATE** y conecta con ello!. Ya sabes, deja de lado tus propias limitaciones, desconfianzas, muros, bloqueos y reinvéntate de algún modo para conectar con lo que has venido verdaderamente a SER.

Se honesto contigo mismo y muestra al mundo tus habilidades y competencias reales.

> "Te has criticado por años y no ha funcionado. Intenta aprobarte, y verás qué pasa."
>
> Louis L. Hay

No te creas lo que te han dicho, o lo que te has creído que debes ser, sino simplemente toma acción y decántate por todo lo positivo que hay en ti ahora mismo, aunque suponga que ciertas personas o circunstancias se vayan alejando de ti en esta nueva andadura, eso no debe importante ya que comenzarán a llegar a tu vida aquellas que te ayudarán a seguir por tu maravilloso camino y a crecer.

En muchas ocasiones creemos que para disfrutar de un paisaje espectacular, tenemos que viajar a lugares lejanos o que para alcanzar ciertos estados meditativos es imperativo irte a un templo budista, déjame decirte que sin duda hay lugares que te invitan más a ello, pero puedes lograrlo igualmente sin haber pisado jamás ninguno de estos lugares y recuerda que las cosas no solamente son por lo que son, sino por cómo las vemos, ahí está la clave.

¿Qué te parece? ¿No te resulta todo esto maravilloso? Puede aparecer al principio un miedo aterrador a perder algo importante e insustituible de tu vida, pero créeme que eso no va a ocurrir, ten FE, por el contrario cuando te atreves a descubrirte realmente, se empiezan a dar en tu vida cambios y lo que muchos creen que son y llaman "casualidades" increíbles, tú ya sabes, después de leer el anterior libro de la saga, que realmente son CAUSALIDADES y se dan gracias o como recompensa a tu perseverancia.

¿Han empezado a darse ya las causalidades en tu vida?

Haz una lista de todas las que recuerdes ahora mismo, eso hará que comiences a darte cuenta de si realmente vas por el camino correcto, como cuando aparece la primera flor en el jardín te hace consciente de que ha llegado la primavera.

Si te has leído el primer libro y has escrito y hecho todo lo que se te indicaba y no te ha ocurrido ninguna de estas causalidades, sinceramente, permíteme que lo dude, pero es imposible que no se haya dado ninguna, eso solo puede indicar que no has hecho las cosas tal cual te las indicaba o que no has leído el libro por completo, así que presta más atención a partir de ahora y anota a continuación, seguro que irá poco a poco saliendo alguna más de las que creías y te ayudará a que sigan apareciendo.

CAUSALIDADES:

-

-

-

-

-

-

-

-

-

Si has llegado hasta aquí, déjame darte en primer lugar, mi más sincera ENHORABUENA!!

Y como premio deberías ahora mismo decidir qué te gustaría regalarte como premio para celebrarlo, aunque no lo creas, son muchas las personas que comienzan algo con toda su energía y entusiasmo y que a mitad de camino, o incluso antes, deciden tirar la toalla, esto es lo que marcará la gran diferencia en tu vida, lo que hará que seas un elegido y lleguen a ti todas las bendiciones que deseas y mereces. Créete merecedor de todo lo que siempre soñaste, porque así es.

Te invito a que escribas ahora mismo en esta misma hoja que es lo que vas a hacer o te vas a regalar como premio a tu perseverancia y haber conseguido hacer todo lo que en este libro se te proponía, si no lo has hecho aún, estás a tiempo de lograrlo, retoma los ejercicios pendientes y hazlos, pero deja ya por escrito el premio, comprométete contigo mismo a hacerlo:

Me comprometo a cumplir con el gran regalo que me doy y merezco por haber logrado llegar hasta aquí y haber cumplido con los ejercicios propuestos y el premio es

____.

Pueden ser uno o varios, tú eliges, pero debes dártelos todos, te has comprometido contigo mismo a ello.

Siempre que consigas algo debes celebrarlo, practica el refuerzo positivo, esto hará que tu mente acepte mejor, el realizar cambios que van en contra de sus creencias y de este modo será más flexible cuando se presente el siguiente reto que te plantees, pudiendo establecer así, un nuevo paradigma en tu vida que rompa con los viejos patrones que te conducían a un puerto que no era el que tu alma quería.

"Si no quieres ir a la deriva y llegar a buen puerto, aprende a navegar y a distinguir las señales que te guían"

MARICRUZ

Por otro lado debo decirte también, después de la celebración, que todo este camino no termia aun, debes seguir trabajando en alcanzar tus sueños, para ello te espero en el siguiente libro de la saga de **TU VERDADERO TESORO**, el libro que abrirá definitivamente las puertas a **tu gran sueño dorado**, con el que brillarás, el título lo dice todo

"¿QUÉ QUIERES?".

El SER es AMOR

ERES AMOR

INFINITAS GRACIAS

TE AMO

Si has llegado hasta aquí y sigues leyendo, te mereces que te felicite enormemente, estoy segura que mucha gente abandona antes de tiempo y por eso no logran lo que quieren, porque hacen lo mismo con el resto de cosas en su vida. Pero Tú mantienes el interés y perseveras, eso ya te está diferenciando del resto, así que:

¡¡ FELICIDADES!!

Espero que hayas hecho y si no quiero que hagas todos los ejercicios, por mucho que te cueste al principio, hasta que un día me digas:

¡¡Tenías razón!!

Y sinceramente, no se trata de que yo tenga razón, si no de que tú compruebes por ti mismo todo esto que te cuento y encuentres tu propia verdad, la que te LIBERA, la que te hace verdadera e inmensamente FELIZ.

Porque durante todo este proceso que hemos transitado hasta ahora, habrá habido montones de momentos de dudas, habrá habido momentos en los que habrás opinado como yo, en otros que habrás opinado todo lo contrario y hayas sentido ganas de dejar el libro a un lado y no abrirlo nunca más, también momentos en los que te haya aburrido tremendamente y hasta molestado tener que hacer los ejercicios que te he propuesto, pero al final, justo al final, si has llegado, a pesar de todo y no te has saltado nada, habrás conseguido el propósito con el que iniciaste un día la lectura, habrás alcanzado a conectar con TU VERDADERO SER y RESETEARTE!!

¡¡¡¡¡ENHORABUENA!!!!!

Y ahora ya sí, pasemos al siguiente libro para que llegue todo lo que mereces… y que se titula… ¿QUÉ QUIERES? Imprescindible para que puedas además de sentir y visualizar, tocar TU VERADERO TESORO.

Tu FE y tu PERSEVERANCIA, se merecen un PREMIO, lo quieres?

Supongo y espero que hayas respondido un **SI**, aunque me gustaría que lo dijeses ahora mismo en alto e incluso te pusieses de pie para decirlo lo más alto posible, demuéstrate a ti mismo con cuánta intensidad lo deseas, que a tus 5 sentidos les quede claro y así se pongan de tu parte y en marcha contigo, hacia el encuentro del VERDADERO TESORO y recuerda que como ya te he dicho antes, la clave mágica, la llave maestra para abrir la siguiente puerta dorada hacia tu evolución y crecimiento personal, se encuentra en conocer ¿QUÉ QUIERES?.. Ahí nos vemos de nuevo…!!

SOBRE LA AUTORA

Es odontóloga y especialista en Medicina Oral por la UCM. Cursa en la actualidad un postgrado de Cirugía Bucal e Implantología por la URJC que compagina con su labor asistencial.

Desde el año 2002, su vocación la ha mantenido ligada al ámbito de la odontología. La experiencia adquirida gracias a todas las personas, pacientes y colegas de profesión la han llevado a reflexionar sobre el dolor y las necesidades vitales de todos, más allá incluso, de lo meramente técnico aprendido durante los años de estudio.

De aquí nace una búsqueda más amplia y profunda de todos y cada uno de nosotros para poder seguir creando sonrisas, no solo bonitas estéticamente, sino armoniosas y profundas, como lo son, las sonrisas del alma.

Déjame ahora que te pida un último favor, si te ha gustado el libro, te ha ayudado en algún sentido a sentirte mejor y ser un poco más consciente, por favor, ayúdame a llegar a más gente y conviértete en otro VERDADERO TESORO para el mundo.

Estoy segura que conoces a más personas a las que quieres y te gustaría que les fuese bien o mejorar aún más su situación, sí, justo en esa que acabas de pensar.

¡Hazlo ahora! Recomiéndale el libro, regálale otro o si te resulta más fácil, comparte en tus redes una foto con la portada y tu comentario del libro etiquetándome en Facebook o Instagram con @maricruzalvarezdolado y así tu testimonio servirá para que llegue a más personas y cada vez sean más las que descubran el Verdadero Tesoro que como tú, poseen dentro y puedan seguir expandiendo y compartiendo toda esa abundancia con el resto.

Todos merecemos ser felices y la mayor felicidad es la que se siente cuando das.

Contribuye con esta causa y el universo te lo recompensará enormemente.

Y sigue siempre adelante, pon ACCIÓN y rumbo a tus sueños. El mío es extender todos estos conocimientos para que la consciencia y el Amor reinen por encima de cualquier cosa y llegue al resto del planeta.

Y si quieres contactar conmigo de forma privada, para contarme que te ha parecido el libro o cualquier otra consulta o duda que quieras saber, escribeme a:

maricruzalvarezdolado@gmail.com

Sígueme también en mis redes.

¡¡MILLONES DE GRACIAS!!

MIS REDES SOCIALES

 @maricruzalvarezdolado

 @maricruzalvarezdolado

 maricruzalvarezdolado@gmail.com

¡GRACIAS POR COMPARTIR TU TIEMPO CONMIGO!

¡¡FELICIDADES!!

¡ERES UN VERDADERO TESORO!

TE AMO

Por último, no quiero despedirme sin antes presentarte al mentor que logró impulsarme para que este libro fuese posible.

Lain García Calvo es el coach número uno de habla hispana que está logrando que miles de personas se animen a luchar por lo que siempre desearon, contribuyendo así, a crear un mundo mejor.

Su historia personal le impulsó a realizar eventos para motivar a otros.

Su energía e integridad han logrado que hoy pueda llegar a ti a través de estas páginas.

Merece la alegría adentrarse en la lectura de sus libros e ir a sus eventos, algo que animaría a probar, al menos una vez en la vida, a todo el mundo que sienta curiosidad por experimentar algo diferente. Le proporcionará un chute de energía y vitalidad, dos elementos que Lain irradia y contagia de forma sorprendente.

Escribir un libro era para mi una ilusión remota que tenía en la lista de pendientes, yo fui al evento a simplemente conocerle en persona y disfrutar de la magia que se pudiese dar, pero hubo una fuerza que me dirigió sin más y para cuando me quise dar cuenta ya estaba embarcada en esta aventura de mi primer best-seller.

Gracias a Laín García Calvo por ser mi mentor, acompañarme en la creación de un nuevo paradigma y animarme a llevar adelante este nuevo proyecto, cumpliendo uno de mis sueños.

Gracias Gracias Gracias Lain por tu gran contribución al mundo.

Estoy segura que tu divina aportación mediante toda la saga qua has escrito "La Voz de Tu Alma" perdurará más allá de nuestros tiempos.